ROSTAND

CYRANO DE BERGERAC

EDITED WITH INTRODUCTION,
NOTES AND BIBLIOGRAPHY
BY GEOFF WOOLLEN

PUBLISHED BY BRISTOL CLASSICAL PRESS
GENERAL EDITOR: JOHN H. BETTS
FRENCH TEXTS SERIES EDITOR: EDWARD FREEMAN

For Vicki and Rose

Cover illustration: Robert Lindsay as Cyrano, Theatre Royal, Haymarket production, 1992. © Nobby Clark.

First published in 1994 by Bristol Classical Press
an imprint of
Gerald Duckworth & Co. Ltd
The Old Piano Factory
48 Hoxton Square, London N1 6PB

Reprinted, with minor corrections, 1998

A catalogue record for this book is available
from the British Library

ISBN 1-85399-372-7

Available in USA and Canada from:
Focus Information Group
PO Box 369
Newburyport
MA 01950

Printed in Great Britain by
Booksprint, Bristol

CONTENTS

FOREWORD

The text of the play is the one established by Harry Ashton for the Blackwell edition first published in 1942, corrected for misprints or omissions. It is worth acquiring second-hand for the fascinating notes of an erudite theatre historian, but the meticulous and comprehensive nature of these created an imbalance with the brief introduction that has now been redressed.

Two departures from the text of the original edition should be noted. Asterisks rather than overly demanding page and line references now indicate when an explanatory endnote has been appended. Following on from this, it is clearly more helpful if the lines of alexandrine and other verse are consecutively numbered. Curiously, this is by no means always the case in the French paperback editions, nor is it done to a consistent, rational pattern, i.e. with the second, rhyming alexandrine line corresponding to an even number. However, if violins tuning up can be accommodated to a rhyme scheme (I.ii, l. 46), a line in I.i and one in I.iv can not – see Notes – and have therefore been discounted.

References are given as in the previous sentence, with act and scene, denoted by upper- and lower-case Roman numerals, followed by l. or ll. and the line number(s). Other references to plays in the Introduction and the Notes give act and scene number only. Citations from works mentioned in the Bibliography give the author's name, followed by page number(s).

I am indebted to Nobby Clark for his kind and generous permission to reproduce the cover photograph of Robert Lindsay as Cyrano in the 1992 Theatre Royal, Haymarket production and to colleagues in my own department too numerous to mention. The Bibliothèque Nationale, Paris, which has a statutory duty to house all that can be consulted in a brief visit, and the Glasgow University and Mitchell Libraries, whose holdings are richer than one has any right to expect, were invaluable to me in the preparation of this edition, and I gratefully acknowledge the help of their dedicated personnel. Finally, having for once myself enjoyed the help of the meticulous and gentle prompting of an editor such as Ted Freeman, I must ensure that no more than Cyrano (V.vi, l. 2496) shall he be 'Celui qui souffle, – et qu'on oublie!'

INTRODUCTION

One should treat such indicators with due caution, but present-day tastes, even those of the intelligentsia, seem to be moving towards a renewed liking for the 'retro', the nostalgic and the emotive, and correspondingly away from the unforgivingly dour philosophical existentialism that has been so dominant over a period of forty years. Camus's tongue-in-cheek comment that what he knew most surely about morality and the obligations of man was derived from football might nowadays be taken without a pinch of salt: the game has achieved cult proportions, and its players, legendary status. People are anxious to escape from the mundane pattern of their everyday lives, and massive cinema hits like *Jean de Florette, Manon des Sources* and *Cyrano de Bergerac* cater admirably for this need. The two Claude Berri films, devoted to tragedies of the destiny of individuals, tug unashamedly, like Marcel Pagnol himself, at the heartstrings, and this just as much for the dynastic collapse of the family of arrogant, cruel, but deluded Papet as for the sacrificial hunchback figure, Jean Cadoret. Lush music by Jean-Claude Petit (with the plangent *leitmotif* borrowed from Verdi) expertly underscores these effects, and in *Cyrano de Bergerac*, it is again music by Petit that performs a similar service for Jean-Paul Rappeneau. At nearly a century's remove, his faithful cinematic version of the 1897 play has enjoyed an equal degree of commercial success and critical acclaim.

The political conservatism of authors Pagnol and Rostand, as revealed in their extra-fictional output, is little more attractive than their materialism, but with the clock of communism having stopped, and *libéralisme* in the French sense now ruling, neither of these any longer seems as reprehensible as hitherto. It is therefore no surprise that heroic individualism and sentimental pathos are back on the agenda, emerging from the purdah to which the dominant intellectual habits of the last fifty years have confined them. However, renewed popularity rarely divides easily down party-political lines; the other discernible factor is that of 'political correctness'.

According to attitudes that urge discrimination in favour of the empowerment of minorities, the *arriviste* bourgeois protagonist of the traditional 19th-century novel is an unappetizing figure, whereas imaginative sympathy accrues to the disadvantaged, such as the illegitimate

Antony in Dumas's play of 1831. The aesthetics of French Romantic drama, as popularized by Hugo, codified the dichotomy between the ugly but morally superior, and the physically favoured but spiritually meretricious or empty. Cyrano de Bergerac, in one particular physically repulsive but of soaring intellect, demonstrates this better than any of his forebear's didactic character oppositions; a figure who deserves criteria of political correctness to be applied, as ultimately they are by Roxane (IV.x, ll. 2185-90), he appeals to our lingering feelings of guilt and powerlessness to overcome prejudice, and prods the audience's somewhat atrophied reforming instincts back into life. Any play or novel that flatters both the individualistic and the humanitarian in us exercises a powerful hold on our imagination, and has all the ingredients of success.

Conditions of reception a century ago were in a not dissimilar equipoise, with disturbing accretions of nationalism having formed on the democratic bedrock of the Third Republic, and experimental theatre not satisfying the fundamental escapist urge. Edmond Rostand's *Cyrano de Bergerac*, magnificent anachronism of a 'comédie héroïque de cinq actes, en vers' and most spectacular one-off in the history of French theatre, can be interpreted as an expression of a certain '«boulangisme» littéraire' (Rictus, p. 9) and a consolation for successive foreign policy reverses: '... mille raisons de plaire à une France humiliée par Sedan, Fachoda [Sudan], Panama' (Andry, p. 107). But this is not the whole story. Like Stendhal's bundle of contradictions Julien Sorel, screwing up his courage – 'De ton temps, grand homme, aurais-je hésité?' – by measuring himself against the bust of an imperious Richelieu, the young dramatist set himself two Herculean tasks: firstly, to emulate the baroque, exuberant life and literary style of a forebear whose full talent lay unrevealed until the 20th century, and secondly, to create a Romantic drama in the style of Victor Hugo that would showcase a protagonist who was both charismatic and French. The play's apparently jingoistic tone could not have seemed more ideologically appropriate to stiffen the nationalistic fibre of a country scarred by defeat in the Franco-Prussian War of 1870-1871 and vengefully willing to scapegoat the innocent Captain Alfred Dreyfus in 1894, but Rostand himself could only have been dismayed by such a tendentious interpretation. He had always been a Dreyfusard, had signed the petition in favour of Lieutenant-Colonel Georges Picquart, and had received a copy of *Paris*, cordially dedicated 'À Edmond Rostand, son dévoué confrère Émile Zola', in March 1898, two months after the bombshell open letter *J'Accuse...!* that blew the case wide open again.

Introduction

The vaudevilles and melodramas that will always be with us, and the canonized, benchmark productions of the Comédie-Française, were not on the serious theatre agenda of the 1890s. Pioneers such as Antoine, at the Théâtre Libre, and Lugné-Poe, at the Théâtre de l'Œuvre, promoted the Scandinavian Naturalism of Ibsen, Strindberg and Bjørnson, the exquisitely-costumed Symbolist dramas of Maeterlinck such as *Pelléas et Mélisande* (1893), and the (in some ways even more abstract) scatological proto-Dadaism of Alfred Jarry's *Ubu roi*. Any play that bucked trends by being in verse at all (as all Rostand's were), that harked back in subject matter to the days when Cyrano tried his hand at Classical tragedy, and in rhetoric and versification to the gauntlet thrown down by Hugo in the Romantics' 1830 'bataille d'*Hernani*', would have to be termed neo-Classical or neo-Romantic. Either use of the prefix *neo-* indicates a bravura, nostalgic attempt to turn the clock back. For this very reason, though, it was hailed by the dramatic critic Francisque Sarcey as a courageous attempt to dissipate the 'brouillards scandinaves' and to awaken finer feelings than were catered for by the 'brutalités voulues du drame réaliste', its première already having rekindled the glory of the great first nights of past centuries. Idealism, poetry and the finesse of French wit enjoyed a glorious, if ephemeral, triumph.

Edmond Rostand: Life And Works

For over twenty years, Edmond Rostand (1868-1918) enjoyed the fame and literary prestige that were denied to Cyrano during his own lifetime, while deep down he struggled to convince himself that he had as much talent as his rumbustious predecessor. His father was the director of the *Caisse d'Épargne* savings bank in Marseille, and in his spare time a poet and translator of Catullus; his uncle Alexis was a gifted amateur composer. The family moved to Paris in 1884, and Edmond completed his secondary education at the Collège Stanislas; among the successes he obtained while there was a prize for an essay written on a topic set by the Académie de Marseille. 'Deux romanciers de Provence: Honoré d'Urfé et Émile Zola' mirrored the growing disaffection with Naturalism at the time of *La Terre* in 1887 by being more favourably disposed towards d'Urfé. On holiday in the Pyrenees in 1888, Rostand met and fell in love with Rosemonde Gérard, herself a budding poet. He took out the traditional insurance policy of the would-be man of letters by reading law, while in stage-struck fashion longing for success as the author of plays. In collaboration with his fiancée's half-brother, William Lee, Rostand wrote the four-act vaudeville *Le Gant rouge*, which was performed at the Théâtre de Cluny in 1889. In 1890 he married Rosemonde, who, before sacrificing herself for her husband's career, had enjoyed a *succès d'estime* with her own anthology, *Les Pipeaux*. She arranged for his early collection of verse, *Les Musardises* (1890) to be published by Lemerre, but at the Rostands' expense.

Les Deux Pierrots, a one-act curtain-raiser in verse in the style of Banville, suffered the fate of many similar imitations by being rejected by the Comédie-Française's reading committee. A three-act play in verse, *Les Romanesques*, after initial refusal by the Comédie-Française was accepted in (minimally) revised form, but not performed until two years later, in May 1894. It is an agreeable romantic comedy imitated from *Romeo and Juliet*, notable also for its proto-Cyrano figure, the braggadocio soldier, Straforel. Meantime, Rostand had made the acquaintance of Sarah Bernhardt, and for her wrote the role of Princess Mélissinde of Tunis, loved platonically from afar by the 12th-century poet Jaufré Rudel, in *La Princesse lointaine*. In costumes, décor, philosophical otherworldliness, and even female protagonist's name, this play veered towards Symbolism, and the sublimation of male desire anticipates Cyrano's. It ran at the Théâtre de la Renaissance from 5 April 1895, but for less than the anticipated number of performances; the last five of the thirty-five evenings booked were given over to a face-saving reprise of a more reliable vehicle for 'la divine Sarah', *La Dame aux camélias*. The devout Rostand, who had once harboured vague ambitions to become a priest, then undertook an uncontentious Biblical adaptation based on the Gospel story of the Samaritan woman (*John*, IV); *La Samaritaine* (April 1897) starred Bernhardt as Photine and enjoyed greater success.

The casting of Jean Coquelin in *La Princesse lointaine* led to Rostand's becoming acquainted with his famous father, Constant Coquelin, and it was for the particular talents of this charismatic actor that *Cyrano de Bergerac* was devised. The idea no doubt came partly from a work enjoyed at school in Marseille, Théophile Gautier's *Les Grotesques*, in which the baroque extravagances of the subjects and the panache of the critic and creator of *Le Capitaine Fracasse* were well matched (Ripert, p. 84). Another inspiration was a drink-sodden auxiliary teacher (*pion*) at the Collège Stanislas, nicknamed 'Pif-Luisant' on account of his rubicond nose, who had already been portrayed in three poems in *Les Musardises* as a misunderstood and sensitive idealist. But these were adventitious indications, no more, and, as can be appreciated from the dazzling display of cross-references and allusions, were augmented by a vast amount of scholarly documentary research into the writings of Cyrano and the history of the Richelieu-dominated reign of Louis XIII, no doubt backed up by the colourful romances of Alexandre Dumas *père*.

The unprepossessing Théâtre de la Porte Saint-Martin was chosen on account of its much earlier availability than the Comédie-Française, and the Rostands sank 100,000 francs into costumes, though this was still not enough to provide more than a painted backdrop to suggest Ragueneau's *rôtisserie*. Rostand, who was much given to self-doubt and diagnosed as early as 1896 as being neurasthenic, i.e. depressive, began to panic during rehearsals. At the *générale* before the first night of 28 December 1897, he confided to Coquelin: 'Pardon! ah! pardonnez-moi, mon ami, de vous avoir entraîné dans cette désastreuse aventure!' He is said to have taken the role of one of the cadets de Gascogne, thus avoiding nervous pacing up and down in the wings, but he need not have worried: the première was a memorable success, with applause ringing out a full hour after the final curtain had fallen. Sarah Bernhardt was prevented by a prior contract from playing Roxane, the role going to Maria Legault, but galloped through her tragic role – 'je me suis dépêchée de mourir', she claimed – to witness the final scenes and the ovation. A run of fifteen months and four hundred performances began, and *Cyrano de Bergerac*'s success was compared to the first nights of Corneille's *Le Cid* (1636), Beaumarchais's *Le Mariage de Figaro* (1784), and Hugo's *Hernani* (1830). The first and third of these, a tragi-comedy of heroism and a Romantic drama, were not, of course, merely similar in terms of audience reception, but also stylistically and thematically.

Rostand was lionized by Paris society, not least by president Félix Faure, who arranged to have the Légion d'honneur conferred on him in Coquelin's dressing-room at the theatre; in 1898 he was, like his father before him, elected to the Académie des sciences morales et politiques. He began work on a play specifically for Sarah Bernhardt, a six-act verse drama, *L'Aiglon*, about the melancholy destiny of Napoleon Bonaparte's son, the duc de Reichstadt, who spent the twenty-one years of his short life at the castle of Schönbrunn in Austria. This was first performed in March 1900 at the Théâtre Sarah-Bernhardt (Châtelet) and, though less of a delirious triumph than *Cyrano*, enjoyed great success. There was less genuine pathos in the indecisive, spineless behaviour of the imperial 'eaglet', but the rough veteran soldier, Séraphin Flambeau, provided some good comic and dramatic moments. The play was revived during Rostand's lifetime, and in addition to liaisons with society women such as Countess Anna de Noailles, he seems to have made a habit of sleeping with the successive, cross-dressing female interpreters of the role of Reichstadt: Bernhardt, Simone Le Bargy and Mary Marquet.

Yet Balzac's self-consoling reservations regarding 'le succès, mais le succès comme il vient à Paris, c'est-à-dire fou, le succès à écraser les gens qui n'ont pas des épaules et des reins à le porter' (*La Cousine Bette*) were not inapplicable to Rostand. His robust sexual constitution was belied by a lack of overall vitality, due to his highly-strung nature and bronchial delicacy, that ultimately impinged on his creative faculties, though never his linguistic verve. After a bout of pneumonia, a more bracing climate was prescribed, and this resulted in a move to the Pyrenees spa town of Cambo-les-Bains, first to a rented villa, and then to 'Arnaga', a grandiose house (marked on today's Michelin map). It was built to specification from the rich earnings of *Cyrano*, in the local alpine style, with extensive ornamental gardens from which breathtaking views were to be had. Today this houses the Edmond Rostand museum. Spain, the spiritual home of many great French writers, was just over the border, and in 1902 Rostand was commissioned by the newspaper *Le Gaulois* to travel to the town of Hernani, near San Sebastian, to commemorate the centenary of Hugo's birth in the place that had given its name to his bold, pioneering play. The result was a long and adulatory poem entitled 'Un soir à Hernani', separately published that year before being anthologized.

In 1901, Rostand had been elected the youngest member of the Académie Française, but his health did not permit him to deliver the traditional oration and take up his seat until two years later. His creative output declined, and if health reasons or society obligations had to do with this, neurotic perfectionism that would not permit him to fall below the standards set by *Cyrano* and *L'Aiglon*, or feel that he could endure negative criticism, was just as responsible. His allegorical *Chantecler*, involving the cockerel protagonist of the Reynard *fabliaux* in a parable of love versus idealism, was practically complete in 1905, but delayed by Rostand's nagging doubts. It was finally delivered to Coquelin in 1908, only for the great actor to die in 1909 and leave the destiny of the role to a Lucien Guitry less persuaded of the desirability of dressing up in feathers rather than a smoking jacket. Given the hyper-sophisticated, allusive and punning dialogue that results from a ransacking of the cultural patrimony of the whole of Europe, he had a point; when performed, at the Théâtre de la Porte Saint-Martin from February 1910, it ran for over three hundred performances but was not a critical success.

No other play was performed until after Rostand's death. A reworking of the Don Juan legend, *La Dernière Nuit de Don Juan*, imagined the libertine's posthumous, delayed descent into the hell of an eternal Punch and Judy show, a fate that could have been reversed by the tearful pity of his only unremembered, one thousand and fourth victim. The idea of eternal damnation being 'l'éternel théâtre' rather than 'l'éternel feu' may seem to strike a melancholy autobiographical chord, and a scenario structurally complete by 1911, requiring no more than polishing, was not performed until 1922. Continued, semi-directorial involvement with the revivals of *Cyrano*, which celebrated its thousandth performance in 1913, provided Rostand with a palliative of sorts. His later years are notable only for the appearance of an anthology of dull patriotic verse, *Le Vol de la Marseillaise* (1916), written to compensate for the fact that his weak constitution did not permit Rostand to fight in the war, though like Bernhardt he visited the trenches, in 1915. Much more interesting are the earlier, diverse poems later anthologized under the title of *Le Cantique de l'aile* (1922): they include the Hugo-worship of 'Un soir à Hernani', 'La Journée d'une précieuse', and the virtuoso, rhymed speech-day performance by a distinguished old boy of the Collège Stanislas that contains some of his most quotable lines on the subject of panache.

Rostand was ill-equipped to withstand the epidemic of Spanish 'flu that raged through Paris in December 1918. He died stoically, allowing only his current partner, Mary Marquet, to be by his bedside as the end approached. His fame had been huge, but it meant increasingly less to him as he sought for personal happiness. He was survived by Rosemonde, who was to write a somewhat idealized biography of him, and by his sons, the prolific novelist and literary critic, Maurice, and the distinguished scientist, Jean, whose passion for botany was born in the gardens of their Pyrenean retreat.

Cyrano de Bergerac, a hero of the baroque age

Cyrano de Bergerac (1619-1655) is the inelegant, dark, subversive id to the elegant, disciplined super-ego of his dramatic biographer. If Rostand had lived in this unrestrained first half of the 17th century, often designated 'baroque' in comparison to the centralizing absolutism of Louis XIV that would follow, he would no doubt have been dismissed in one of Cyrano's stinging satires as a court poodle of a writer. The life history of the man that we possess is by no means complete or unambiguous, and it is sometimes difficult for commentators to penetrate the smokescreen of pious myth surrounding him, and not to draw unreasonable or chronologically unjustified inferences from the tall tales spun by writers such as d'Assoucy and Ménage. The salient events, though, are as follows.

Savinien de Cyrano was of solid bourgeois stock, though his family, apparently of Sardinian origin, incurred fines for the appropriation of titles and coats of arms whose legitimacy had no doubt been jeopardized, as in the case of Candide's quarters of nobility, by 'l'injure du temps'. He was born in 1619, in the Halles market area of Paris, and christened at the church of Saint-Germain-l'Auxerrois. This was at a romantically disillusioning distance from the province of Gascony with which military valour associated him, and even from the cadets' major recruitment area of the Périgord, and the town on the river Dordogne whose name would be attached to his. The justification of his *particule de noblesse* was the estate of Mauvières, in the Chevreuse valley some twenty-five miles south-west of the capital, and acquired by his grandfather, Savinien de Cyrano, in 1582. Within it stood the small property of Sousforêt, also known as 'Bergerac' from the name of a previous owner. It came into the possession of Abel de Cyrano, the eldest son of Savinien, when his mother died; this permitted him to suffix his name 'de Mauvières', and in 1622 the family moved there.

Although he was a lawyer well versed in the classical and Renaissance humanities, Abel seems to have neglected the education of his sons, and to have been consequently despised by Cyrano. He and Henry Le Bret, who lived nearby at Mesnil-Saint-Denis and was to become his lifelong friend and literary executor, were sent to study under a country priest, whose dull pedantry proved irksome. Cyrano's complaints resulted in his being sent back to Paris, to the Collège de Beauvais, where the tutelage of the ferule-wielding Jean Grangier was to be even more intolerable. The comic creation of Granger, in *Le Pédant joué* (1645), whose ponderous erudition is studded with Latinisms, is a vengeful and viciously funny portrait.

By the age of twenty, his formal education was complete, and continued by one of a more haphazard kind, a 'dangereux penchant' from which the prudent Le Bret claims to have rescued him. Basing himself on Lacroix's contention that a venereal disease had resulted in sterility, and more veiled speculations as to why Cyrano's friendship with d'Assoucy should have been so stormy, Jacques Prévot (*Œuvres complètes*, p. 8) states unambiguously that this was the love that dared not speak its name: 'L'homosexualité accroît sans doute son sentiment de marginalité'. Although Rostand consulted the pseudonymous 'Bibliophile Jacob' edition of 1858, he does not subscribe to a theory which would drastically alter our interpretation of the interpersonal dynamics in the play, though he is convinced of the man's atheism. If Cyrano *were* homosexual, there was certainly nothing so overt about his behaviour as d'Assoucy's pursuit of page-boys. Five years later, his amorous exploits led to his contracting syphilis, which, as much as the later accident that befell him, may have hastened his death.

Le Bret had enrolled with the company of the cadets de Gascogne commanded by Carbon de Casteljaloux, and persuaded his friend to join up; from his association with them Cyrano could pass as a southerner, and no doubt caught some of their oaths and an accent. He also acquired the skills of a duellist; although Le Bret claims that he acted as second more than a hundred times and 'n'eut jamais une querelle de son chef', this role did not merely consist in ensuring fair play and being conciliatory, but often led to active involvement. The legendary encounter at the Porte de Nesle – not, in fact, in Lignière's defence, and resulting in only two corpses – cemented his reputation. But such recreational pastimes soon gave way to more meaningful military activity, as battle was joined against the Spanish forces occupying the north of France during the Thirty Years' War. Cyrano was wounded in 1639 at the siege of Mouzon, near Sedan, where a musket ball went right through his body, then received a sword-slash to the throat at the siege of Arras one year later. These injuries, plus the lack of an influential protector, led him to doubt the glamour and prospects of a military career, and he resigned his commission in 1641.

In the same year, though continuing to acquire the more worldly accomplishments of fencing and dancing, he began to study under the sceptic philosopher Gassendi at the Collège de Lisieux; in 1645, he enrolled at the Collège de France. Gassendi encouraged Cyrano's predisposition to an Epicureanism which, as much as the vulgar sensualism commonly implied in a critique of libertine thought (and evidenced by his amorous adventures), nurtured intellectual daring, the spirit of unprejudiced enquiry, and the desire to obtain wide-ranging scientific knowledge. We are reminded of this thirst for intellectual universality – 'Philosophe, physicien, / Rimeur, bretteur, musicien, / Et voyageur aérien, / Grand riposteur du tac au tac' (V.vi, ll. 2533-6) – in the epitaph poem. Mathematics and physics were regarded as particularly subversive of established religion, and therefore recommended themselves to Cyrano, because of their destruction of the assumptions underpinning the Ptolemaic, geocentric universe; his posthumously-published writings deal with both astronomy and physics.

Cyrano had written occasional verse since his military days. His farce *Le Pédant joué* can be dated from 1645; it is mainly in prose, but contains a 73-line extemporization on the rhyme -*if* by the ludicrous Granger. The interplanetary *États et empires* of the sun and the moon also existed in draft form at this time, for he was known among his friends as being the man of 'l'autre monde', one of the titles posthumous editions have been given. It is claimed that he was anxious to continue his duels in print, and go to the barricades of the wars of the Fronde, by publishing in 1649 a set of *mazarinades*, written against the unpopular regent, that ranged from the burlesque satirical diatribe to the impeccably logical refutation of his policies. His authorship of these is by no means certain, however, for as the *vieille Fronde* gave way to the *jeune Fronde* he wrote a 1651 pamphlet 'Contre les frondeurs', espousing Mazarin's new political direction, that can only be explained away by the acceptance of a covert subsidy leading to a complete volte-face.

Cyrano's father died in 1648, poorer than had been expected, bequeathing most of his effects to servants, and complaining of having been robbed by the two of his children who, not having entered religious orders like Denis and Catherine, were his natural legatees. Cyrano and brother Abel soon squandered much of his estate, and were left with no more than the value of some meagre annuities realized by two honest executors. The protection of the maréchal de Gassion had earlier been rejected by the proud and independent-minded philosopher, but this shortfall in his expectations made him seek attachment to the rich but unlettered duc d'Arpajon. As a result of this *mécène*'s generosity, a fine quarto volume of Cyrano's *Œuvres diverses* was published by the prestigious Charles de Sercy in 1654. It contains the perhaps never-performed *Pédant joué*, but above all his *Lettres*, in a multiplicity of styles ranging from satirical diatribes against individuals and ignorant superstitions, through punningly *précieux* love missives, to admirably imaginative nature descriptions.

In the same year, the duc d'Arpajon paid for the printing and publication by de Sercy of *La Mort d'Agrippine*, a confusingly plotted yet powerful tragedy that had been performed at the Hôtel de Bourgogne in November 1653, but withdrawn after only a few performances. Although it was historically documented, the sceptical, atheistic bent of Sejanus, the 'soldat philosophe' and main plotter against Tiberius, could not be represented on stage with impunity, or without dragging into the debate the question – irrelevant now, but crucial then – of Cyrano's own views on the immortality of the soul:

Une heure après la mort nostre âme évanoüie
Sera ce qu'elle estoit une heure avant la vie. (V.vi)

Lines such as 'Ces Dieux que l'homme a faict, et qui n'ont point faict l'homme' (II.iv) did not bode well for a long run, and a metaphor for the necessity of immediate action – 'Frappons, voyla l'hostie, et l'occasion presse' (IV.iv) – was not merely found offensive, but wilfully misinterpreted, hardly fair when a whole play (Corneille's *Polyeucte*) had dealt with the subject of iconoclasm.

It is thus not surprising that Cyrano's major literary endeavour, *L'Autre Monde*, an imaginary space odyssey first to the moon, then subsequently to the sun, remained unpublished during his lifetime. It bears witness to the robust scepticism, and anarchic, anti-Aristotelian bent of a similar Utopian work by the controversial friend of Gassendi, Tommaso Campanella, who appears as a philosophical mentor to the narrator during the visit to the sun. Le Bret was just about to become a priest, and anxious, as is apparent in the misleading additional title of *Histoire comique* he gave to the 1657 edition of the *États et empires de la lune*, to excise material that would have encouraged damaging posthumous imputations. In his well-meaning biographical preface, he contended that Cyrano had been a sober and solid citizen:

... enfin le libertinage, dont les jeunes gens sont pour la plupart soupçonnés, lui parut un monstre, pour lequel je puis témoigner qu'il eut [...] toute l'aversion qu'en doivent avoir ceux qui veulent vivre chrétiennement.

Not until the 20th century, after Rostand's own death, has it been possible to obtain a complete, unexpurgated text in French of this remarkable work, whose anti-anthropocentrism and paradoxical reversal of fossilized moral expectations anticipate Fontenelle's *Entretiens sur la pluralité des mondes*, Voltaire's *Micromégas* and Swift's *Gulliver's Travels*. Unhappily for the companion *États et empires du soleil*, published in 1662, there is no manuscript that permits dialogues excised as blasphemous by Le Bret to be reinstated. More unhappily still, Cyrano's *Histoire de l'étincelle*, an essay on feeling and reasoning in lower species that promised yet further to deride unthinking assumptions of human superiority, was 'stolen' and totally lost, perhaps disposed of by a terrified friend, perhaps even spirited away by the Jesuits!

Cyrano is said never fully to have recovered from his war wounds, to which might have to be added the effects of a bout of syphilis that dragged on as much as his debt to the barber-surgeon. However, in 1654, some time after falling out with his protector the duc d'Arpajon, he was seriously injured by a falling beam. Whether this was by design or accident is no easier to say than for the asphyxiation of Zola; certainly Cyrano was as likely as the poet Lignières to have made powerful enemies. He began subsequently to waste away, and was taken into the convent of the Dominican Filles-de-la-Croix in the Paris suburb of Charonne, where Le Bret, the mother superior Marguerite de Jésus, Catherine de Cyrano and his cousin Madeleine Robineau (the widow of his fellow-soldier the Baron de Neuvillette, killed at Arras, and the model for Roxane) all urged him to make a good end by abjuring his libertine principles. Indeed, this result was claimed to have been achieved, and the face-saving story told, but Cyrano died at Sannois, to the north-west of Paris near Argenteuil, at the house of a philosophically like-minded cousin. Rostand cleverly conflates these conflicting theories by having him die proudly impenitent, but in the setting of the convent.

What of the famous distinguishing feature? Pascal, considering the effects of love on international politics, opined: 'Le nez de Cléopâtre, s'il eût été plus court, toute la face de la terre aurait changé' (*Pensées*, L. 413 / B. 162): a face with a cuter, retroussé nose would have been less obsessively desired. For Rostand's Cyrano, it was the other way round, yet Le Bret, in hinting at the fire-breathing swordsman's psychological inhibition of a gauche timidity – 'd'une si grande retenue envers le beau sexe qu'on peut dire qu'il n'est jamais sorti du respect que le nostre lui doit' – never related it to any physical deformity. Though engravings depict it as very long and aquiline, Cyrano's nasal appendage does not appear to have been as monstrously large or misshapen as the phallic, Pinocchio-like proboscises favoured by *manqué* rhinoplasts in make-up departments – film credits can include 'création du nez de Cyrano' – and by cheap-shot cartoonists. What disfigurement there was could more plausibly be held to result from the occupational hazard of duelling scars. The contention that it was grotesquely, monstrously big, as well as the theory that would link nasal and phallic dimensions, seems to have been a product of the baroque imagination of Théophile Gautier, but is too usefully recuperable to the aesthetics of Romanticism to have escaped the attention of Rostand.

Genre: *le panaché*

«*Zoin de herri horri?*» Rostand's 558-line poem about the 1902 'pilgrimage' to Spain to celebrate the centenary of Victor Hugo's birth begins *in medias res* with him asking his guide, in halting Basque, what village of northern Spain lies before them. The name, of course, though not one that is of any particular significance to this humble shepherd, is Hernani, near San Sebastian: 'mot trisyllabique et fier / Qui mettrait tout d'un coup de la gloire dans l'air'. Indeed, the man's black beret happens to bear the magic initials V.H., but disappointingly, they denote the municipality, the «*Villa de Hernani*».

There follows, in sections of mixed metre characteristic of Hugo (though Rostand's effortless alexandrines predominate), a sincere eulogy to the master; the magnificent sonorities of the polysyllabic local names are, as in *Hernani*, frequent adjuncts to the richness of the rhymes. After the admiring apostrophe to the town of legendary name, the major part of the poem is an imaginative reconstruction of the young Victor's first trip to Spain at the age of nine, when there can be no doubt that Madame Sophie Hugo whispered to him the name that later would generate his most famous play: 'Ce nom ramènera tout un drame avec lui!' The boy is penetrated by the Guipuzcoan ambience; by way of a conceit hovering between the literal and the figurative, we are told that:

... ce brave aux longs cheveux de fille
Est déjà tellement du pays où l'on est
Qu'il a mis du panache à son petit bonnet.

'Un soir à Hernani' ends with the poet being told that it is the birthplace of Urbieta, a military hero to whom François 1er was obliged to surrender his sword, and concludes in highly accurate pastiche of the declarative style of Hugo's Poet:

J'ai dit: «C'est là qu'est né — dans cette rue ancienne —
Le drame auquel le Cid pourrait rendre la sienne.»

Insofar as the play appears to descend, in content and in style, directly from Victor Hugo, the attribution of the term neo-Romantic is not unreasonable. Yet its dramatic richness prompts us to go beyond the restricted horizons of this received wisdom by considering the influence of this other illustrious forebear, Corneille, as well as monitoring other generic influences that existed before, during and after the real Cyrano's life. The play is a *panaché*, i.e. mixture, of constituent generic features, be they neo-Romantic, neo-Classical, baroque or burlesque. The two latter adjectives designate *styles* that, since their point of inception can be designated timeless, the two former, to century-specific, codified sets of *precepts*, or manifestoes, whence their upper-case letters. (Similarly, the literary Naturalism that would have turned its back on this verse drama was enshrined in Zola's 'Le Roman expérimental', but Realism with a capital 'r' would only relate to the essayist Duranty's view of what this constituted.) *Neo-* relates to a sympathetic attempt to emulate their teachings, revive and update them.

The play spans the adult life of its eponymous protagonist, the first four acts being set in 1640, towards the end of Louis XIII's reign, and the final, epilogue act moving us forward to 1655. The malign influence of Richelieu is apparent, for he condones the adultery with de Guiche that the scandalous marriage of convenience with Valvert portends for Roxane, and the implication is that the king of France has been, and still is, entirely guided by him – he is referred to by Dumas as an 'enfant' in 1625, when twenty-four years old! But Cyrano has no particular enmity towards the Cardinal, is no anti-monarchic subversive in the Romantic mould, and should be viewed in the patriotic light of fighting first for his linguistic, *langue d'oc* entity of Gascony, but foremost in the service of his country.

The play's hero thus comes closer to the dutiful and responsible Cornelian protagonist than to the stereotypical Musset or Hugo malcontent, or any of the passionately self-obsessed in Racine. *Cyrano de Bergerac* is generically entitled a 'comédie héroïque', and comes closer in this to the hybrid, tragi-comic mode of *Le Cid* than to Corneille's later, more submissive attempts to placate Chapelain, Scudéry and the Académie Française with more regular tragedies and writings on the theatre. The hampering Aristotelian unities of time (twenty-four hours' duration) and place (a 'lieu unique'), were said in contributions to 'la Querelle du *Cid*' to have been transgressed by Corneille, as if they really mattered, while curiously, the very straightforward thrust of the plot, concerning Rodrigue's moral dilemma over his love for the daughter of his father's aggressor, unity of action indeed, was held not to have been spiced up sufficiently with the sub-plots necessary in a tragi-comedy.

Corneille was licked into greater neo-Classical conformity, and the play redesignated a *tragédie* in 1648 in obedience to these Lilliputian strictures. It can be seen, though, in Rostand's *fin-de-siècle* drama which has no need after Hugo to genuflect to the unities of place and time, how much of the spirit of the vibrant early Corneille survives. The play is a national epic, with the important proviso that this time it shuns exoticism in being set in the *patrie* of the author. The earlier preference, never genuinely set aside by Hugo, had been for exemplary character to be tested out in complex, romanesque plots rich in *coups de théâtre*, situated in Spanish and Italian locations, in conformity with the genre of tragi-comedy elaborated by Italian dramatists of the 16th century, and first brought into France by Garnier (*Bradamante*, 1582). A tragi-comedy is more than just a play that, in spite of everything, has a happy ending; it *should* have, granted, but also it represents a mixing of elements of tragedy and comedy.

Patricia Williams recuperates *Cyrano de Bergerac* to neo-Classical, Aristotelian precepts of drama, but these have more to do with character imperfection than dramatic structure. More appropriate evaluative criteria would be the baroque and the burlesque. Hugo's scorn for what he considered to be the debilitating legacy of Racine led him to cling rather to Corneille as an intellectual predecessor, and to insist on the necessary undercutting of the sublimity of the human soul by the grotesque physicality of the 'bête humaine' that led to no situation being entirely tragic or comic. But the gap between intention and realization dictates that his plays do not exemplify this in a manner that is more than intellectually persuasive, although *Le Roi s'amuse*, set in France and with the promising figure of King François 1er's intelligent buffoon, Triboulet, certainly should have done. His intuition that 'le beau n'a qu'un type: le laid en a mille' (*Préface de 'Cromwell'*) was insufficiently demonstrated by his dramas. The oppositions established between Hernani and Don Carlos, and Ruy Blas and Don Salluste, satisfactory though they may be in establishing that a lackey can possess the qualities anticipated in a grandee, and vice versa, are dramatically somewhat abstract. The sublime-grotesque dichotomy is more convincingly exemplified in the novel *Notre-Dame de Paris*, in which the physically repugnant Quasimodo and the gypsy outcast Esmeralda (apparently grotesque, yet sublime) are both unjustly scapegoated by a society of unseemly self-righteous sadists (apparently sublime, yet grotesque).

Rostand's achievement is to have resolved all the foregoing compromises and contradictions in a dramatically compelling way. He reintroduces the physicality of early tragi-comedy, while not neglecting the intellectual bravado or mental conflict displayed in Cyrano's tirades, so that the play is 'heroic' in two ways. The sublime-grotesque aesthetic dualism of the *Préface de 'Cromwell'*, born of an equally powerful religious feeling in Rostand, is inscribed in the text (IV.x, ll. 2189; 2212), and the modest self-deprecation of panache, 'un sourire par lequel on s'excuse d'être sublime' as he defined it in addressing the Académie Française, is less grandiloquently illustrative of it. We are made retrospectively aware that the 'héros de roman' (II.x, l. 1130), amalgam of the sublime in both men, would be an inauthentic mutant; yet Roxane is too intelligent and resourceful to suffer the standard fate of the female victim in Romantic drama. Rostand uses non-alexandrine verse forms, as did Corneille fleetingly in *Le Cid* (I.vi), a play that is transitional between the unrestrained baroque (from the Spanish and Portuguese for a pearl that is irregular in shape) period of the early 17th century and the later standardization of Classicism. Cyrano's conceits echo the mannerist style that descends from Giambattista Marino and Luis de Góngora. Textual homage is paid, in the fantastical designations of ribbon colours (I.iii, ll. 147-51), to a characteristic exponent of the verbal extravagance associated with the baroque, Agrippa d'Aubigné (1552-1630), emulation of whom is carried to a new plane by the pyrotechnics of the 'nose' tirade; and did ever a text have more exclamation marks?! The verbal conceits of *préciosité* are not unrelated to the baroque, but the antics of the 'singes' whose reluctance to call a spade a spade result in a door-knocker becoming a 'petit brutal' (III.iii, ll. 1298; 1300) are despised by Cyrano as unheroic and effete. Words must have subversive power rather than being a mere social accomplishment, and also correspond to a set of beliefs rather than a bundle of affectations. In this respect, Roxane walks an uneasy tightrope, while Cyrano's magnificent 'non merci!' tirade (II.viii, ll. 964-1014) turns from one to the other on the hinge of 'Mais... chanter' (l. 998).

Nor must the burlesque, send-up aspect of Rostand's drama be overlooked. Impeccable political correctness does not have much of a sense of humour, and Hugo was more of a theoretician of comedy than an exponent, mentioning the mode of burlesque, and the type – 'Silène est un grotesque bouffon' (*Préface de 'Cromwell'*) – but unskilled at exploiting the stylistic clashes and human incongruities thereby implied. *Cyrano de Bergerac*, though, is richly funny, above all because the hero does not take himself too seriously: the fight with Valvert is as much duelling banjos as duelling rapiers, more damage being done by the tongue, and a theatrical production might do well to prefer a light, though physically incapacitating, wound to a comprehensive skewering. The burlesque mode is closely associated with the period in question, Scarron being its most prestigious practitioner, and it should not be forgotten that one of his major successes was a lampoon of the contemporary code of honour in *Jodelet duelliste* (1646). Burlesque can aim high, or fall low: Cyrano's diction can be incongruously above or below a normative level: one thinks in this latter respect of the disobliging verb and adjective *grogner* and *grognon* (= whinge / whingeing? – ll. 576, 958, 1311, 1723, 2527) with which the solicitous Le Bret and Christian are tagged. The play abounds in demotic monosyllables such as 'Hep!', 'Pst!', 'Ouais!' and 'Hou!' The parodic exploitation of others' work, e.g. Théophile de Viau's *Pyrame et Thisbé* (I.iv, ll. 350-2) is frequent. But the self-deflating *chute* is never far away either, be it in examples such as:

... Nous avons toujours, nous, dans nos poches,
Des épîtres à la Chloris... de nos caboches... (II.x, ll. 1151-2)

Je m'exalte, je m'oublie... et m'aperçois soudain
L'ombre de mon profil sur le mur de mon jardin! (I.v, ll. 523-4)

or in the deliberate *cheville*, or colloquially padded line, that debunks a piece of pure poetry:

Ah!... Paris fuit, nocturne et quasi nébuleux;
Le clair de lune coule aux pentes des toits bleus;
Un cadre se prépare, exquis, pour cette scène;
Là-bas, sous des vapeurs en écharpe, la Seine,
Comme un mystérieux et magique miroir,
Tremble... Et vous allez voir ce que vous allez voir! (I.vii, ll. 603-8)

It is also interesting to note that both Cyrano and Roxane are doubled by burlesque protagonists: Ragueneau, whose theories on versification are expressed in terms of panification; the musketeer lover of Lise, a *matamore* demonstrating only the most vulgar, soldierly variety of panache; and the duenna, preciously *férue*... of choux-pastry buns!

The resultant amalgam of Classicism, Romanticism, the baroque and the burlesque is the unique, evanescent genre of 'comédie héroïque', and G.K. Chesterton, in a brief but allusive essay on Rostand, analyses its constituent elements. He thinks it fitting that the 'hyper-aesthetic view of tragedy and comedy' (p. 80) developed in French culture should receive a salutary debunking in *Cyrano de Bergerac*, a French play. True comedy is not so brittle that it will be dissipated by being taken seriously: 'one laughs with the heroes and not at them' (p. 81). The genre-problematizing aspect of *Cyrano de Bergerac* is that it does not end happily: should it not, then, be taken as a tragi-comedy? Of course it can be: innovative drama can set precedents rather than following them. In any case, to return to Chesterton, who is to say that it ends unhappily?

It is not the facts themselves, but our feeling about them, that makes tragedy and comedy, and death is more joyful in Rostand than life in Maeterlinck. (p. 87)

Nor, finally, is verse an inappropriate vehicle but quite the contrary:

It is far more conceivable that men's speech should flower naturally into these harmonious forms, when they are filled with the essential spirit of youth, than when they are sitting gloomily in the presence of immemorial destiny. The great error consists in supposing that poetry is an unnatural form of language. (p. 85)

Versification

Survival of the fittest: the alexandrine line

Rostand was, from his schooldays, a subtle and gifted fabricator of poetic lines. Anybody who can anticipate what Aragon believed to be his personal invention of the *rime enjambée* (see his manifesto *La Rime en 1940*) and make 'mûrir sur le cep' rhyme with 'à toutes ces P... / Oules!...' (*Chantecler*, III.vi), however meagre the yield of such experiments may be, can safely be said to have anticipated later critical dubiety as to whether *preceding* supporting consonants are the be-all and end-all of versification. His fondness for the rhyming line led to the stage directions in verse at the beginning of each act of *Chantecler*, the prizegiving speech-poem to the assembly at the Collège Stanislas, and the free confession to the members of the Académie Française: 'Je n'ai jamais été plus tenté de ne pas parler en prose', a temptation for once resisted.

The definition of the Classical alexandrine line's subdivision into two groups of six syllables, or hemistichs, that are each complete as regards syntactical relationships (an adjective should not be separated from its noun, an adverb from its verb) and both accented on the final syllable, is most wittily and memorably formulated in Boileau's *Art poétique*:

> Que toujours dans vos vers le sens, coupant les mots,
> Suspende l'hémistiche, en marque le repos. (I, ll. 105-6)

We find Ragueneau, pastry-cook and would-be poet, laboriously checking his scansion and comically reiterating these precepts in occupational terms:

> Vous avez mal placé la fente de ces miches:
> Au milieu la césure, — entre les hémistiches! (II.i, ll. 621-2)

The resultant twelve-syllable lines do not have to be rhythmically unvaried, as French verse is not isometric (with regular beats) and the subsidiary stress within each hemistich is therefore flexible. But a further technical requirement is that the rhyming couplets should have alternate feminine (when the tonic vowel is followed by a mute syllable) and masculine (without a terminal mute syllable) endings, with the two not to be rhymed together (e.g. *or* / *dore*). Words such as 'encore' may thus become 'encor' for one of two reasons, either to enable the line to scan (II.vi, l. 780), or to rhyme with a masculine ending (III.xiii, ll. 1651-2); a final consonant may disappear to provide a *rime pour l'œil* in the first-person conjugation – 'soi, / je les reçoi' (III.vii, ll. 1379-80), but not the third-person – 'toi, / te reçoit' (III.x, ll. 1535-6); the stressed vowel of an imperative – 'prévenez-le' (I.ii, l. 161) – may be elided before a following consonant. Proper names, be they of cities – 'Gêne' (III.xiii, l. 1610) or persons – '*Don Quichot*' (II.vii, l. 949) – are similarly flexible.

Hugo's democratization of drama did not extend, except for a period in his and the century's mid-thirties, to a preference for prose. He soon returned to verse, and thereby put himself beyond the pale of theatrical Naturalism as Zola understood it: 'Et j'entends donner à ce mot de poésie toute sa valeur, ne pas en enfermer le sens entre la cadence de deux rimes...' (*Le Naturalisme au théâtre*). Taking Corneille and Molière, both considered by him to be more sinewy and less effete than Racine, as his verse role models, Hugo declared: 'Fait d'une certaine façon, il [le vers] communique son relief à des choses qui, sans lui, passeraient pour insignifiantes et vulgaires' (*Préface de 'Cromwell'*). Nor did he call into question the alternation of masculine and feminine rhyming couplets. However, he was in favour of a more naturalistic breakdown within the line. 'J'ai disloqué | ce grand niais | d'Alexandrin' (*Les Contemplations*, I, 26) indicates his, if not pioneering, at least systematic exploitation of the triply-stressed *coupe ternaire* in what has become known as the Romantic alexandrine. Here, the sixth syllable is never accented, or if it is, there may be two other *equal* stresses: 'Waterloo! Waterloo! Waterloo! morne plaine!' (*Les Châtiments*, V, 13). There need consequently be no self-contained meaning within the hemistich, or even within the line: the *enjambement* or carry-over of the sense of one line to the next, was deliberately and provocatively practised. The first two lines of *Hernani* – 'C'est bien à l'escalier / Dérobé...' nailed Hugo's colours firmly to the mast, and created uproar at the play's premiere. It will soon be appreciated from a reading of *Cyrano de Bergerac*, and lines left as tantalizingly dangling as 'qui... pour amante n'ont / Que du rêve soufflé dans la bulle d'un nom!...' (II.x, ll. 1153-4), that Rostand's verse is in this latter, post-1830 mould, which naturally does not exclude the Classical alexandrine – though regularly-stressed lines of verbal bravura such as the Paon's 'Kaléidoscopiquement cosmopolite!' (*Chantecler*, III.iii) certainly displace meaning over the hemistich in defiance of Boileau's dictum quoted above – but maintains that variety is the spice of verse life.

Staccato

One specific feature of Rostand's play is its clipped, breathless fragmentation. The omission of pronouns –

> Comte de Guiche. Épris d'elle, Mais marié
> À la nièce d'Armand de Richelieu. Désire
> Faire épouser Roxane à certain triste sire... (I.ii, ll. 130-2)

contributes to this effect, but more generally, even if we allow for the elaborate stage directions of *Cyrano de Bergerac*, some simple thumbnail calculations will persuade of the restricted importance given to sustained tirades, and a marked tendency to divide a line between several speakers. A standard edition of a play like *Le Cid* has an average of twenty-eight lines per page, while *Cyrano de Bergerac* is a printer's nightmare in having, overall, no more than thirteen. It is unusual for a Classical alexandrine line to be divided among more than two speakers, and four would seem to be the maximum technically permitted, in order to respect the integrity of the two hemistichs, each with its internal subsidiary stress (e.g. *Britannicus*, II.iv, l. 688; *Le Cid*, III.iv, l. 855). Hugo's theories of versification authorized him to break this implied 'rule', naturally as early as possible in *Hernani* (I.i, l. 18), with a six-way split. Such are not uncommon in *Cyrano*, either (I.ii, l. 71; III.ii, l. 1240; V.ii, l. 2331) but as may be suspected, Rostand contrives to out-Hugo Hugo with a line six times divided into seven speaking parts (III.ii, l. 1256). At least the examples quoted do not, as elsewhere, involve the difficulty of cueing in several speakers, but are an indication of rapid-fire dialogues between two. It seems difficult to agree with Williams (p. 120) that this technique is used 'in order to sustain moments of deep emotional feeling'.

Rhyme, rhythm and antithesis

The other feature of verse that should be stressed is the richness of the rhyme as a criterion of ingenuity and formal perfection, and here Rostand is mentally attuned to, and capable of emulating right down to the obligato acrostics ('La Journée d'une précieuse'), the verbal elegance and conceits of the century he is bringing to life. Classificatory designations of rhyme have undergone modification, with what used to be known as a *rime suffisante* – 'doux / toux' – now being termed a *rime pauvre,* and what was *riche* – 'génie / monotonie' – now merely *suffisante,* and applying to a succeeding as well as preceding *consonne d'appui*: 'tordre / mordre'. Even so, it must be allowed that certain of the dramatist's rhymes are ornate and rich indeed, as if an aspect of the largesse (see I.iv, ll. 292-4) of the man with a long nose lay in giving extra value: e.g. 'muscade / embuscade!' (I.v, ll. 501-2); 'espérance / protubérance' (ll. 513-4). More important, perhaps, is the accomplishment displayed by Cyrano of impromptu versification *under stress.* The horseplay of the duel is linguistically determined, by three rhymes, *-eutre, -on,* and *-ouche,* that are not of the easiest to sustain, and the overall *ababbcbc* scheme of stanzas that are formally restricted to the number of lines of the syllable count is that of the ballade royal. There are even examples – 'dindon? / ding-don!' (I.iv, ll. 416, 419); 'et risques / astérisques' (III.xiii, ll. 1633-4) – and the distant chime – 'Céladon / Hé! là donc' (ll. 411, 433) – of the 'léonine' *rime équivoquée,* involving more than one word, so dear to the 15th-century *grands rhétoriqueurs.* The final epitaph promises, in its final line 'Qui fut tout et qui ne fut rien', to be another ballade, not apparently this time an unrehearsed composition, since its opening 'Philosophe, physicien, / Rimeur, bretteur, musicien...' (ll. 2533-4) has been anticipated, almost stichomythically, by his friends (I.ii, l. 101), but is interrupted by death. And just as the least Gascon junior officer (for gentlemen are they all) is capable of wit, so too does Ragueneau manage to rhyme elegantly and with provocative *enjambement*: '...troupelets, / Ce sont les / Tartelettes amandines!' (II.iv, ll. 727-8).

But good rhymes do not of themselves a poem make, and the rhythmic power of Hugo was less easily conceded by critics to Rostand:

> Le Public [...] confond le *rhytme* (*sic*) avec la rime et il qualifie «poète» le premier truqueur venu, qui lui rimera des lignes contenant un nombre égal de syllabes. En revanche, il ne considèrera pas comme œuvre poétique, un drame écrit avec des strophes rhytmiques (*sic*) simplement assonancées ou même dépourvues de cet ornement lyrique. (Rictus, p. 14)

Inevitably some dissenting voices queried the basis of his success. The bitchy comments of a little-performed Symbolist dramatist, Jean-Christophe Hérold, on Rostand's 'cacographe' knack of writing badly are not worth quoting – 'Ils sont trop verts' – but Jehan Rictus's pamphlet *Un bluff littéraire: le cas Edmond Rostand,* though no less rude, is marginally more clever. The lack of originality of this clever recycler was underlined: 'Rostand est né fatigué. [...] *Cyrano* est une espèce de ratatouille de *Ruy Blas* et d'*Hernani* et de bien d'autres véhéments ibères' (Rictus, pp. 11; 10). A more substantive point made was that the magnificent antitheses of Victor Hugo, such as:

Et l'aigle impérial, qui, jadis sous ta loi,
Couvrait le monde entier de tonnerre et de flamme,
Cuit, pauvre oiseau plumé, dans leur marmite infâme!
(Ruy Blas, III.ii)

Et quand j'aurai le monde? /
Eh bien, j'aurai la tombe (Hernani, II.iii)

were but palely emulated. This may at times be true, for instance in the contrivedly allegorical verbal flourish of 'La Haine est un carcan, mais c'est une auréole' (II.viii, l. 1040), but is by no means always the case. Indeed when, like Hernani capping Don Carlos, Cyrano takes up de Guiche's prompt, 'Vous lance dans la boue!... / Ou bien dans les étoiles' (II.vii, l. 956), we have a proleptic thematic allusion just as powerful as Hugo's.

Louis Haugmard's considered verdict on Rostand was 'Poète, oui, mais écrivain, non pas' (p. 44). Addressing the question of Rostand's Hugolian credentials, and mentioning some of his greater audacities in versification (p. 39), he remarked with a degree of verbal mimicry:

Telle suite de vers est tout à fait du Hugo, mais du Hugo plus nerveux, haché et saccadé, et disloqué, avec des arrêts et des sursauts, et moins de sérénité: du Hugo revu par Banville. [...] Tout cela caracole et cabriole, avec fougue et adresse, mais l'ensemble manquerait souvent de la belle simplicité pure et classique. (p. 13)

Admirers of Rostand's suppleness of versification and linguistic verve far outnumbered his detractors, however, and there is insufficient space either to list or to quote them.

Translation

The many attempts to translate Rostand into English can produce self-inflicted dilemmas of American verbal propriety (in *Romantics* [I.v], Henderson D. Norman rhymes 'figure' with 'negro' in a Straforel tirade), and highlight equally fascinating problems of approach to Anglo-Saxon versification. How may one carry off the zip and the swagger of Rostand's verse? And should it *rhyme*? The first response, that of Gertrude Hall (1898), was sensibly to stick to prose. In 1900, Gladys Thomas and Mary Guillemard adopted non-rhyming Elizabethan blank verse, though the general tone of deliberate archaism, as in 'Marry, 'twould...' (I.ii, l. 103) and the pages' 'Ay have we, and peas withal' (I.i, l. 22), is infelicitous, and a duelling ballade beginning 'I gaily doff my beaver low' (I.iv, l. 407) goes downhill from this point. Henderson D. Norman used rhyming heroic couplets throughout, to be followed by an 'unhappy', actor-unfriendly 1923 translation by Brian Hooker that favoured testing blank verse once more. This latter remained, however, the best available text for the 1950 Michael Gordon film, and was used by the Upstream Company on the London stage as recently as 1983.

The more recent versions have been British, using mainly the indigenous ten-syllable line. Christopher Fry supplied the Festival Theatre, Chichester (1975) with a *Cyrano* written in rhyming (or 'chiming') couplets that were very well received by the critics. Anthony Burgess, involved in translations and adaptations between 1971 and 1983, and the subtitles of Rappeneau's film, had very definite ideas on what was called for, certainly not the unremitting 'double clop of rhyme'. Within the Introduction to his published text (pp. x-xiv), he explains why he opted for a five-beat rhythm to lines of about, though not always exactly, ten syllables, making no attempt artificially to replicate an iambic pentameter of Elizabethan blank verse that he believed to be dramatically unviable nowadays. An undercurrent of internal rhyme may often be detectable to the listener's ear, but final-syllable rhymes are imposed mainly in the celebrated tirades; any effort to emulate the perfection of regularly-stressed heroic couplets à la Pope would, he felt, be as alien to the modern idiom as blank verse. Sometimes, too, he uses alternate, *a b a b* rhymes, sometimes a daring *rime enjambée*: '...milk / Of almonds will c- / ome next...' (II.iv, ll. 715-16). In the final act, he mimics Cyrano's diminishing dynamism by using free verse of considerably differing line lengths, and progressively more halting.

The last translation seen is in Edwin Morgan's rollicking Glasgow vernacular (1992), and is tremendous fun. Burgess' innovations include killing off the little-known Rotrou in order that the young theatregoer can find the barely-born 'Racine' boring, and similarly here, the shock of the new, indeed of the multiculturally transplanted, is considered to be fully in the spirit of Rostand. In the duelling ballade, the allusion to La Fontaine is displaced by 'It's kebab time now' (I.iv, l. 429 – thankfully, no 'donor'), while engraver Jacques Callot (I.ii, l. 106) becomes the local caricaturist, 'auld Emilio Coia'. De Guiche's untrustworthiness is emphasized by having him speak in the Sassenach tongue, and when we find 'Plus fier que tous les Artabans' (I.ii, l. 111) cleverly being transformed into 'gallus Gascon swagger', we may feel that an authentic outward mannerism of panache ('Ma [i.e. my] plume' – V.vi, l. 2570) has been captured.

Le Panache

Panache is Hugo's 'aigle du casque' (*La Légende des siècles*, XVII, 4), that turns in upon itself and pecks out the brutal face beneath the helm, turned outwards and investing man's whole moral universe with the prestige derived from 'verray, parfit, gentil' chivalry. The best way to begin to describe both the physical and moral connotations of this celebrated concept, immortalized if not coined by Rostand, would be to suggest that it is a conflation of the Italian *bella figura*, irreproachable outward demeanour at all times, and the Spanish *punto*, the Castilian ethical attitude of the punctilio, or point of honour. The entry in the *Trésor de la langue française* gives for the word figurative meanings of 'un goût très vif pour ce qui a du brio, [...] les parades militaires, les attitudes chevaleresques'. Émile Littré's painstaking mid-19th-century dictionary attests that it then had little accepted currency beyond denoting military plumage, particularly in the patriotic legend attaching to King Henri IV. Idiomatic uses such as being drunk (*avoir son panache*), or to a jockey coming a literal cropper (*faire le panache*) excepted, the word does not imply more than the outward, visible sign:

Qu'on me rende mes tours, mes donjons, mes bastilles,
Mon panache, mon siège au conseil des Castilles... (*Hernani*, V.iii)

Some widening of the meaning occurs between the Larousse encyclopaedic dictionary entry for 1874 and its second supplement (1890), but the addition concerns only the *folie des grandeurs* connected with obtaining an honorary distinction. No doubt the blunders of a typical 'dindon de la farce', in Edmond Gondinet's comedy *Le Panache* (1875), had to do with this acceptation.

The word's present-day polysemism is largely of Rostand's making; he was not a little proud of the fact, and would turn in his grave if he heard the jingles that now extol the virtues of *Panach'*, a bottled shandy. During the play, the meaning changes from the most prosaically denotative (I.ii, l. 108) to an intermediate point between the concrete and the figurative – 'Empanaché d'indépendance et de franchise' (I.iv, l. 376) – and thence, via a reminder of Henri IV's heroic remark that imputes cowardice to de Guiche (IV.iv, l. 1860), to the spiritual, and *spirituel*, three final syllables of the play. Ultimately, panache has far more to do with the chivalry of moral fastidiousness, honing one's character sharp and burnishing it bright – 'J'ai décidé d'être admirable, en tout, pour tout!' (I.v, l. 480) – than vulgar daring, though misleading examples of this inferior kind are not absent from the play. None but the highest expectations are worthy of the man of panache: 'J'aime – mais c'est forcé – la plus belle qui soit!' (l. 496).

If one succumbs to the temptation to write the word 'panache' far more often into the Notes than it occurs in the play, it is because Rostand never tired of trying more precisely to fix its meaning, and giving it wider currency. The sheer scale of Cyrano's role is panache personified, having been calculated, at 1,400 lines long, to be the most demanding in the French theatre repertory. Although this does not mean whole alexandrine lines the actual total is even higher, around 1,480, involving formidable concentration on rapid-fire cues. Constant Coquelin, still playing the part in his late sixties and dog-tired at the beginning of a third performance in just over twenty-four hours, was once recalled to a full rendition of a tirade by the imperious 'Le texte, Monsieur, le texte!' from an audience that had it off by heart, but it was a rare lapse, and the obituary sonnet penned by Rostand establishes him as one of the elect:

> Tu gardais de la scène où tu t'empanachais,
> Une provision de fierté pour la Ville! (*Le Cantique de l'aile*)

The address that in March 1898, as an old boy of recent and spectacular fame, he was invited to give at a school prizegiving, is an interesting disquisition on the subject. Some remarks are predictable ('Soyez des petits Cyranos'), jocular ('Et retroussez votre moustache, / Même si vous n'en avez pas!'), and whimsically paradoxical ('Et les éperons invisibles / Sont ceux-là qui tintent le mieux!'). Yet more tellingly, in the bravura undertaking of the effortlessly versified 'Aux élèves du collège Stanislas', the fondly nostalgic gaze towards 'Ces képis et ces boutons d'or!', and the remembrance of Corpus Christi and 'les chassepots pacifiques / Qu'on présentait à l'ostensoir!', bear witness to a religious and quasi-militaristic ethos in the school. One can see why *Cyrano de Bergerac* gave comfort to the opponents of Alfred Dreyfus! The poem bids the pupils, in order to combat the lack of poetry in the modern world, to develop their spiritual as well as their intellectual qualities – 'ayez de l'âme!' – and fulminates against contemporary nihilism:

> Empanachez-vous donc; ne soyez pas émus
> Si la blague moderne, avec son rire lâche
> Vient vous dire que le panache

À cette heure n'existe plus!

For panache has, from the concrete sign of military prestige flaunted by Henri IV, become morally figurative; the red and white 'cassowary' feathers are the vestigial appurtenances of a restricted caste of officer material, yet a broader dimension is available to all:

Il est vrai qu'il va mal avec notre costume,
Que, devant la laideur des chapeaux londoniens,
Le panache indigné s'est enfui dans la brume,
En laissant sa dernière plume
Au casoar des saint-cyriens.

Il a fui. Mais malgré les rires pleins de baves
Qui de toute beauté furent les assassins,
Le panache est toujours, pour les yeux clairs et graves,
Aussi distinct au front des braves
Que l'auréole au front des saints.

Sa forme a pu céder mais son âme s'entête!
Le panache! et pourquoi n'existerait-il plus?
Le front bas, quelquefois, on doute, on s'inquiète...
Mais on n'a qu'à lever la tête:
On le sent qui pousse dessus!

Finally, and most significantly in the case of Cyrano, 'On l'a dès que d'un but superbe on s'enamoure, / Car il s'ajoute à la bravoure / Comme à la jeunesse sa fleur'. Panache dies young.

Rostand's remarks were amplified in his 1903 *discours de réception* at the Académie Française. The custom was to hold forth on the virtues of one's predecessor in the *fauteuil*, and Rostand did so most charmingly, but he could not resist a piece of self-advertisement by defining panache, on the spurious pretext that the author of *La Fille de Roland*, Henri de Bornier, may have had it in life, but not in his work: 'Ce qui capricieusement palpite l'accommode moins que ce qui flotte avec majesté: il n'a pas le panache, il a la crinière' (*Discours*, p. 23). Turning to what *his* work exemplified, he hazarded this definition:

Il ne suffit pas, pour en avoir, d'être un héros. Le panache n'est pas la grandeur, mais quelque chose qui s'ajoute à la grandeur, et qui bouge au-dessus d'elle. C'est quelque chose de voltigeant, d'excessif – et d'un peu frisé. Si je ne craignais pas d'avoir l'air bien pressé de travailler au Dictionnaire [de

l'Académie Française], je proposerais cette définition: le pa-
nache, c'est l'esprit de la bravoure. Oui, c'est le courage domi-
nant à ce point la situation – qu'il en trouve le mot. [...]
Plaisanter en face du danger, c'est la suprême politesse, un
délicat refus de se prendre au tragique, comme un sourire par
lequel on s'excuse d'être sublime. [...] le panache, c'est sou-
vent, dans un sacrifice qu'on fait, une consolation d'attitude
qu'on se donne. Un peu frivole peut-être, un peu théâtral sans
doute, le panache n'est qu'une grâce; mais cette grâce est si
difficile à conserver jusque devant la mort, cette grâce suppose
tant de force (l'esprit qui voltige n'est-il pas la plus belle
victoire sur la carcasse qui tremble?) que, tout de même, c'est
une grâce... que je nous souhaite. (*Discours*, pp. 22-3)

The heroism of physical accomplishment seems vulgar in com-
parison; the heroism of delicacy and self-restraint – 'Oh! j'ai fait
mieux depuis' (II.vi, l. 846), and of abnegation – 'Molière a du génie,
et Christian était beau!' (V.vi, l. 2502) – is everything. Panache
involves, in direct line from the aesthetics of Romanticism, modest
moral grandeur (*sublime*) that rises above the self-loathing provoked
by physical disqualification (*grotesque*), and generosity that, with
pardonable falsehood, transfers credit undeserved by the dull, sol-
dierly Christian de Neuvillette in order to enhance his posthumous
status. There is also a linguistically fastidious, precious dimension
that is not typical of Romantic drama, and Cyrano is more of a
précieux than the posing Roxane, who fortunately has more depth
than some of her extravagant poses indicate. In his final battle against
bigotry, prejudice and superstition, is he not struggling through an
allegorical landscape reminiscent of the *Carte de Tendre*, avoiding
contamination by 'le Mensonge', 'les Compromis', 'les Préjugés',
'les Lâchetés' and 'la Sottise' (V.vi, ll. 2560-2), to his rendezvous with
an unsullied primal purity that would be compromised in partnership?

'Oui, c'est le courage dominant à ce point la situation – qu'il en
trouve le mot.' Language should be superior to any dilemma that
arises to test us in life, and any discussion of panache should end by
pointing out that much of the heroism of *Cyrano de Bergerac* is
linguistic; the pen, or composing intellect, is mightier than the sword
in the impromptu duelling ballade; the obituary gazette is somehow
completed; the structure of the surviving octet of the epitaph
empowers us mentally to reconstruct the envoy. Panache manifests
itself in versification.

It is also ubiquitous in the text, in the joy of the linguistically
archaic and in word-play. The booming 'Tu récalcitres?'(I.iii, l. 184)

and threat of the 'plantation de bois' (l. 188) on Montfleury's shoulders establish this atmosphere of verbal delight from the moment that Cyrano appears. The archaic verb 'choir' and its conjugations (III.xiii, ll. 1602-4) seem as much of a space oddity as the moon-man himself. The references may be mock-belligerent: 'rendre sa lame' (I.iv, l. 207); 'mais une protectrice!' (l. 268); 'J'ai des fourmis dans mon épée' (l. 392). They may be protective of others – 'c'est moi qui ferai ce soir ta couverture!' (I.vii, l. 574); 'Je défends que quelqu'un le ridicoculise' (II.iv, l. 740) – or of personal integrity: 'J'aime raréfier sur mes pas les saluts' (II.viii, l. 1021). They may even be a premonitory epitaph:

Oui, la pointe, le mot!
Et je voudrais mourir, un soir, sous un ciel rose,
En faisant un bon mot, pour une belle cause!
Oh! frappé par la seule arme noble qui soit,
Et par un ennemi qu'on sait digne de soi,
Sur un gazon de gloire et loin d'un lit de fièvres,
Tomber la pointe au cœur en même temps qu'aux lèvres!
(IV.iii, ll. 1772-8)

Oh, death, where is thy sting? its sharp point is blunted by a heroic pun. Man can live by language alone, for verbal bravura has rarely reached such consoling heights, or a literary dissident been so bravely recuperated. The concept of panache seems entirely appropriate to Cyrano, and though a fragile and ephemeral flower for Rostand himself, is nurtured into a more than artificial Grail – 'du rêve soufflé dans la bulle d'un nom!' (II.x, l. 1154) – that is his endearing and enduring gift to literary posterity, and one that has re-emerged, as the play's centenary approaches, to inspire us anew.

Theatre History

Cyrano de Bergerac is one of the most popular plays in theatre repertory. Its value in royalties to Rostand and his estate may be estimated by the calculation made in 1983 (when it entered the public domain) that it had by then been performed over 14,000 times. Constant Coquelin was Cyrano in the annual revivals at the Théâtre de la Porte Saint-Martin and the Théâtre de la Gaieté until his death in 1909. Charles Le Bargy, husband of the actress Mme Simone, took over the role from 1913 (year of the thousandth performance) onwards, with Andrée Mégard as Roxane. In this same year, it was performed as an opera in the United States, and in 1936, Henri Cain made of it a 'comédie lyrique', which was performed at the Opéra-Comique.

In 1938, *Cyrano* entered French theatre's hall of fame by receiving a favourable *lecture* and becoming one of the stock of plays performed regularly by the Comédie-Française, with André Brunot in the role of Cyrano, and here it was revived each year until 1953. In 1956 Pierre Dux took on the role at the Théâtre Sarah-Bernhardt, and in 1964 a new production at the Comédie-Française starred Jean Piat and Paul-Émile Deiber, alternately. More recent productions have included that of the Théâtre Mogador (1983), starring Jacques Weber, who in Rappeneau's film played de Guiche, and Robert Hossein's production of 1990, with Jean-Paul Belmondo.

In the English-speaking world, an early, truncated version by Anthony Burgess was performed at the Tyrone Guthrie Theatre, Minneapolis in 1971, before the next year becoming a Broadway musical, with Christopher Plummer in the lead. Keith Michell was Cyrano in the Chichester production of Fry's translation, and the 1983 production by Terry Hands for the Royal Shakespeare Company at the Barbican Theatre, London, using a fuller Anthony Burgess text, starred Derek Jacobi as Cyrano and Alice Krige as Roxane. August 1992 saw the Edwin Morgan version premiered at the Eden Court Theatre, Inverness, by the Communicado Theatre Company, with Tom Mannion as Cyrano. In December 1992, the Theatre Royal, Haymarket performed *Cyrano de Bergerac* in Elijah Moskinsky's direction of a John Wells translation, starring Robert Lindsay as Cyrano, and Stella Gonet as Roxane.

'A troll with soul' is how one critic has described Anthony Sher's Cyrano in the 1997 Royal Shakespeare Company's centenary revival at the Lyric Theatre. His celebrated emotional energy, so intense in his interpretation of Molière's Tartuffe that it seemed capable of lighting up a small town, is now incandescent in a Greg Doran production of the Anthony Burgess text, with Alexandra Gilbreath as Roxane.

Cinema History

Constant Coquelin's performance was captured on silent film as early as 1900, by Clément Maurice, since which time a further eight (two silent and six *parlant*) adaptations closely or loosely based on Rostand have been brought to the screen. They include an almost un-Rostandian 1909 *Cyrano et d'Assoucy*, directed by Albert Capellani and scripted by Abel Gance; a 1950 film (U.S.A., United Artists) directed by Michael Gordon, starring José Ferrer; and the same actor, with Jean-Pierre Cassel as d'Artagnan, in a conflated *Cyrano et d'Artagnan* (1962), after Alexandre Dumas *père* (*Les Trois Mousquetaires*; *Vingt*

Ans après), Paul Féval *fils* (*D'Artagnan contre Cyrano*; *D'Artagnan et Cyrano réconciliés*), and Rostand, this time with Abel Gance as both scriptwriter and director. The two most recent versions are commercially available and deserve more than cursory comment. *Cyrano de Bergerac* (France, Hachette Première; Camera One; Antenne 2; D.D. Productions; UGC, 1990. 132 mins; video, Artificial Eye ART 015) was adapted by Jean-Claude Carrière in collaboration with director Jean-Paul Rappeneau and stars Gérard Depardieu as Cyrano, Anne Brochet as Roxane, Vincent Pérez as Christian, Jacques Weber as de Guiche, Philippe Morier-Genoud as Le Bret, and Roland Bertin as Ragueneau. The film was the winner of ten Césars in 1991, but gained no more than a disappointing single 1990 Oscar, for best costumes. Not even to have been considered best *foreign* film was galling indeed, and for Jeremy Irons to gain the coveted male actor Academy award was a 'reversal of fortune' for Depardieu, who had also been nominated. Hollywood seems to have been mistaken on this occasion: from the excited boy's eye view in the triumphant recon-struction of the Hôtel de Bourgogne interior onwards, the acting and settings are a delight. The street sequences were largely filmed in the fortressed and arcaded town of Uzès (Gard), and, with an eye to economy, the battle scenes in Hungary. Many of the more exotic puns are cut, and replaced with more conventional language, even down to lines like 'Pension paternelle, en un jour tu vécus!' Roxane is given to amusing fits of the vapours when she receives Christian-Cyrano's letters. The *précieux* gathering is not missed by Roxane, but enacted, involving a *blason*-like ode to the mouth, 'Bouche', that is interrupted by Christian trying to eavesdrop. Witty and beautifully-crafted subtitles by Anthony Burgess are an additional inducement to English cinemagoers.

An American proprietor who remarked that *Cyrano* was 'a won-derful remake of Steve Martin' must never have finished counting the takings in time to witness the opening credits of *Roxanne* (U.S.A., Columbia, 1987. 107 mins; video, Columbia Tristar CVR 21204), by the Australian director Fred Schepisi. Written by Steve Martin, who played the lead role of Fire Chief C.D. Bales (Charlie, but note those initials), the film also stars Daryl Hannah, Rick Rossovich, Shelley Duvall, Michael J. Pollard and Shandra Beri. This first major success for the comedy actor in Great Britain, for all that it is an outrageous transplantation of the Rostand *donnée* into a small town in the Ameri-can Midwest, involving an outrageous ski-slope of a nose whose phallic overtones are exploited to the hilt, is no worthless example of *lèse-panache*. There are many who think that Martin has it in him to become an *auteur* director such as Woody Allen; he has received critical acclaim as a playwright, with *Picasso at the 'Lapin Agile'* (Chicago, 1993), and *Roxanne* is a most agreeable burlesque. The adaptation was four years in the writing, it injects an unmistakable dose of pathos into the dominant vein of comedy, and betrays intelligent knowledge of Rostand's text. Many of the major themes and scenes are present, or are intelligently transposed: the unromantically-suffixed Roxanne Kowalski (Hannah), for instance, is majoring in astronomy. Cyrano's charismatic relationship with the cadets de Gascogne, is replaced by Bales' leadership of the local volunteer fire-fighting unit, a somewhat Keystone Cops outfit whose practice manoeuvres afford much droll business for Pollard especially, and the duelling foil by a tennis racquet. The wooing of Roxanne by new recruit *Chris* (Rossovich), an amiable dolt who thinks that his chief's injunction of *carpe diem* has to do with fishing, is achieved by a subterfuge formerly available only to Cyrano's anticipatory imagination: radio transmission. It may be that the idea of casting quieter female rivals for the affections of both men departs unwarrantedly from the basic plot, yet the platonic relationship that exists between Bales and restaurant owner Dixie (Duvall) is a useful resource for the displacement of the family ties of Rostand's play: he is a 'godbrother' (the 'cousin fraternel' of II.x, l. 1102?) to her. The major difference lies in the relaxed, fairytale ending of a standard Hollywood romantic comedy, in which Chris finds a less demanding soul mate, Sandy (Beri), and happiness lies in store for this Cyrano and this Roxane.

BIBLIOGRAPHY

Critical editions of *Cyrano de Bergerac*

I am in some way indebted to most of the editions listed below. Pierre Citti's, though not without irritating misprints in the scholarly sections, is the most vigorous and best of the French paperbacks. The notes of some of the others are of a brevity that I hope to have remedied here, but the pedagogic approach of Laruelle-Leroux, Lauxerois and Pavis, combining synopsis, running analysis and pertinent questions, is a useful one that has stood the test of time. Nicholas Cronk's recent edition of the Christopher Fry translation reflects his musicological interests in the perception of telling intertextual examples of operatic bravura (Mozart's *Don Giovanni* and Massenet's *Don Quichotte*).

Aziza, Claude, *Cyrano de Bergerac* (Presses Pocket, Paris, no. 6007, coll. 'Lire et Voir les Classiques', 1989).

Besnier, Patrick, *Cyrano de Bergerac* ('Folio', Paris, no. 1487, 1983).

Bird, Edward A., *Edmond Rostand: 'Cyrano de Bergerac'* (Methuen Educational Ltd, 'Methuen's Nineteenth-Century French Plays', Toronto and London, 1968).

Burgess, Anthony (tr.), *Cyrano de Bergerac* (Hutchinson, London, 1985), introduction, pp. v-xv.

Citti, Pierre, *Cyrano de Bergerac* (Librairie Générale Française, 'Livre de Poche', Paris, no. 873, 1990); includes Le Bret's preface.

Fry, Christopher (tr.), *Cyrano de Bergerac* (Oxford University Press, 'The World's Classics', 1996), introduction (p. vii-xxii) and explanatory notes (pp. 151-4) by Nicholas Cronk.

Laruelle-Leroux, Françoise, *Cyrano de Bergerac* (Nathan, 'Les Grands Classiques Nathan', Paris, no. 26, 1991); extracts.

Lauxerois, Pierre, *Cyrano de Bergerac* (Bordas, Paris, 1988).

Morgan, Edwin (tr.), *Edmond Rostand's 'Cyrano de Bergerac'* (Carcanet Press, Manchester, 1992).

Pavis, Patrice, *Cyrano de Bergerac* ('Classiques Larousse', Paris, 1985). Pavis was also responsible for the now superseded 1983 Livre de Poche Classique, prefaced by Pierre Barillet.

Rappeneau, J.-P. and Carrière, J.-C., *Cyrano de Bergerac* (film adaptation) (Ramsay, Paris, 1990).

Bibliography

Spens, Willy de, *Cyrano de Bergerac* (GF-Flammarion, Paris, no. 526, 1989).
Truchet, Jacques, *Cyrano de Bergerac* (Éditions de l'Imprimerie Nationale, coll. 'Lettres Françaises', Paris, 1983).

Works by Rostand

Les Musardises (1890).
Les Romanesques (1894).
La Princesse lointaine (1895).
La Samaritaine (1897).
Cyrano de Bergerac (1898).
L'Aiglon (1900).
Discours de réception à l'Académie française (1903).
Chantecler (1910).
Le Vol de la Marseillaise (1919).
Le Cantique de l'aile (1922).
La Dernière Nuit de Don Juan (1922).

Works wholly or partly devoted to Rostand or
Cyrano de Bergerac

Short excerpts have been mentioned here because few of the full-length contributions are widely available, or very useful. Ripert's is the best and most authoritative critical biography; Andry's is more gossipy, and will dispense with reading the relevant chapters of Marquet. The critical biography by Amoia is over-indulgent to Rostand, and at times paraphrases Grieve almost verbatim.

If the soul of Cyrano, for Rostand, had been reborn in dedicatee Constant Coquelin (p. 1), then his own verbal panache seems similarly alive and well in Edward Freeman's critical guide, an indispensable and modestly-priced adjunct to this present edition.

Amoia, Alba, *Edmond Rostand* (Twayne World's Authors Series, Boston, no. 420, 1978).
Andry, Marc, *Edmond Rostand, le panache et la gloire* (Plon, Paris, 1986).
Chesterton, G.K., *Twelve Types: a Book of Essays* (Arthur L. Humphreys, London, 1906), 'Rostand', pp. 79-92.
Freeman, Edward, *Rostand: 'Cyrano de Bergerac'* (University of Glasgow French and German Publications, 1995).
Gérard, Rosemonde, *Edmond Rostand* (Charpentier et Fasquelle, Paris, 1935).

Cyrano de Bergerac

Grieve, J.W., *L'Œuvre dramatique d'Edmond Rostand* (Les Œuvres représentatives, Paris, 1931).

Haugmard, Louis, *Edmond Rostand* (Sansot et Cie, Paris, 1910).

Howarth, W.D., *Sublime and Grotesque. A Study of French Romantic Drama* (Harrap, London, 1975); '*Cyrano de Bergerac*, or the triumph of French Romantic drama', pp. 386-96.

—— 'From Neo-Classical to Romantic Aesthetics', in Brian Rigby (ed.), *French Literature, Thought and Culture in the Nineteenth Century: Essays in Honour of D.G. Charlton* (Macmillan, London, 1993), pp. 105-27; *Cyrano de Bergerac*, pp. 119-24.

Knowles, Dorothy, *La Réaction idéaliste au théâtre depuis 1890* (Slatkine Reprints, Geneva, 1972 [1934]); Rostand, pp. 214-19, 419-20, 450-5.

Marquet, Mary, *Ce que j'ai osé dire* (Éditions 'J'ai lu', Paris, 1972).

Reader, Keith, 'Le Phénomène *Cyrano*: Perceptions of French Cinema in Britain', *Franco-British Studies* 15 (1993), pp. 3-9.

Rictus, Jehan, *Un bluff littéraire: le cas Edmond Rostand* (P. Sevin et E. Rey, Paris, 1903).

Ripert, Émile, *Edmond Rostand: sa vie et son œuvre* (Hachette, Paris, 1968).

Triand, André, *Edmond Rostand 1868-1918* (Association des Amis d'Edmond Rostand, Cambo, 1968).

Williams, Patricia, 'Some Classical Aspects of *Cyrano de Bergerac*', *Nineteenth-Century French Studies* I, 2 (1973), pp. 112-24.

Works by Cyrano de Bergerac

Bergerac, Cyrano de, *Histoire comique des états et empires de la lune et du soleil* (nouvelle édition revue et publiée avec des notes et une notice historique par P.L. Jacob [pseudonym of Paul Lacroix]; Adolphe Delahays, Paris, 1858). This is the valuable 'Bibliophile Jacob' edition available to Rostand, including the preface by Henry Le Bret, and has since been republished by Éditions Galic, 1962.

Gossip, C.J. (ed.), *Cyrano de Bergerac: 'La Mort d'Agrippine'* (Exeter French Texts, 1982).

Prévot, Jacques (ed.), *Cyrano de Bergerac: œuvres complètes* (Librairie Classique Eugène Belin, Paris, 1977).

Works wholly or partly devoted to Cyrano de Bergerac

Alcover, Madeleine, *La Pensée philosophique et scientifique de Cyrano de Bergerac* (Droz, Geneva, 1970).

—— *Cyrano relu et corrigé* (Droz, Geneva, 1990).

Gautier, Théophile, *Les Grotesques* (Michel Lévy, Paris, 1853); 'Cyrano de Bergerac', pp. 181-210.

Guichemerre, Roger, *La Comédie avant Molière* (Armand Colin, Paris, 1972).

Mason, Haydn, *Cyrano de Bergerac: 'L'Autre Monde'* (Grant & Cutler, London, 1984).

—— 'Cyrano de Bergerac's Space-Inventions', *Romance Studies* 6 (1985), pp. 21-33.

Mongrédien, Georges, *Cyrano de Bergerac* (Berger-Levrault, Paris, 1964).

Prévot, Jacques, *Cyrano de Bergerac romancier* (Librairie Classique Eugène Belin, Paris, 1977).

—— *Cyrano de Bergerac poète et dramaturge* (Librairie Classique Eugène Belin, Paris, 1978).

Spink, J.S., *French Free-Thought from Gassendi to Voltaire* (Athlone Press, London, 1960); ch. III, 'The Ideas of Cyrano de Bergerac', pp. 48-66.

DISCOGRAPHY

To judge by the accompanying costume video, the scenes devoted to negotiating 'le baiser de Roxane' (III.vii; ix-x) form the basis of Jean-Louis Murat's hit single *Par mégarde* (Virgin Records).

CYRANO DE BERGERAC

COMÉDIE HÉROÏQUE
EN CINQ ACTES EN VERS
REPRÉSENTÉE À PARIS
SUR LE THÉÂTRE DE LA PORTE SAINT-MARTIN
LE 28 DÉCEMBRE 1897

C'est à l'âme de CYRANO
que je voulais dédier ce poème.
Mais puisqu'elle a passé en vous,
COQUELIN, c'est à vous que je le dédie.
E.R.

PREMIER ACTE

Une représentation à l'Hôtel de Bourgogne*

La salle de l'Hôtel de Bourgogne, en 1640. Sorte de hangar de jeu de paume* aménagé et embelli pour des représentations. La salle est un carré long; on la voit en biais, de sorte qu'un de ses côtés forme le fond qui part du premier plan, à droite, et va au dernier plan, à gauche, faire angle avec la scène, qu'on aperçoit en pan coupé. Cette scène est encombrée, des deux côtés, le long des coulisses, par des banquettes. Le rideau est formé par deux tapisseries qui peuvent s'écarter. Au-dessus du manteau d'Arlequin,* les armes royales. On descend de l'estrade dans la salle par de larges marches. De chaque côté de ces marches, la place des violons. Rampe de chandelles.

Deux rangs superposés de galeries latérales: le rang supérieur est divisé en loges. Pas de sièges au parterre, qui est la scène même du théâtre; au fond de ce parterre, c'est-à-dire à droite, premier plan, quelques bancs formant gradins et, sous un escalier qui monte vers des places supérieures, et dont on ne voit que le départ, une sorte de buffet orné de petits lustres, de vases fleuris, de verres de cristal, d'assiettes de gâteaux, de flacons, etc.

Au fond, au milieu, sous la galerie de loges, l'entrée du théâtre. Grande porte qui s'entrebâille pour laisser passer les spectateurs. Sur les battants de cette porte, ainsi que dans plusieurs coins et au-dessus du buffet, des affiches rouge sur lesquelles on lit: *La Clorise*.

Au lever du rideau, la salle est dans une demi-obscurité, vide encore. Les lustres sont baissés au milieu du parterre, attendant d'être allumés.

SCÈNE PREMIÈRE. LE PUBLIC, *qui arrive peu à peu.* CAVALIERS, BOURGEOIS, LAQUAIS, PAGES, TIRE-LAINE, LE PORTIER, *etc., puis* LES MARQUIS, CUIGY, BRISSAILLE, LA DISTRIBUTRICE, LES VIOLONS, *etc.*

On entend derrière la porte un tumulte de voix, puis un cavalier entre brusquement.

LE PORTIER, *le poursuivant*

Holà! vos quinze sols!

LE CAVALIER

J'entre gratis!

LE PORTIER

Pourquoi?

LE CAVALIER

Je suis chevau-léger de la maison du Roi!

LE PORTIER, *à un autre cavalier qui vient d'entrer*

Vous?

DEUXIÈME CAVALIER

Je ne paye pas!

LE PORTIER

Mais...

DEUXIÈME CAVALIER

Je suis mousquetaire.*

PREMIER CAVALIER, *au deuxième*

On ne commence qu'à deux heures. Le parterre*
Est vide. Exerçons-nous au fleuret.

5

Ils font des armes avec des fleurets qu'ils ont apportés.

UN LAQUAIS, *entrant*

Pst... Flanquin...*

UN AUTRE, *déjà arrivé*

Champagne?...

Cyrano de Bergerac

LE PREMIER, *lui montrant des jeux qu'il sort de son pourpoint*
Cartes. Dés.

Il s'assied par terre.

Jouons.

LE DEUXIÈME, *même jeu*
Oui, mon coquin.

PREMIER LAQUAIS, *tirant de sa poche un bout de chandelle qu'il allume et colle par terre*
J'ai soustrait à mon maître un peu de luminaire.*

UN GARDE, *à une bouquetière qui s'avance*
C'est gentil de venir avant que l'on n'éclaire!

Il lui prend la taille.

UN DES BRETTEURS, *recevant un coup de fleuret*
Touche!

UN DES JOUEURS
Trèfle!

LE GARDE, *poursuivant la fille*
Un baiser!

LA BOUQUETIÈRE, *se dégageant*
On voit!...

LE GARDE, *l'entraînant dans les coins sombres*
Pas de danger!

UN HOMME, *s'asseyant par terre avec d'autres porteurs de provisions de bouche*
10   Lorsqu'on vient en avance, on est bien pour manger.

UN BOURGEOIS, *conduisant son fils*
Plaçons-nous là, mon fils.

UN JOUEUR
Brelan d'as!*

UN HOMME, *tirant une bouteille de sous son manteau et s'asseyant aussi*
Un ivrogne
Doit boire son bourgogne...

4

Il boit.

à l'hôtel de Bourgogne!

LE BOURGEOIS, *à son fils*
Ne se croirait-on pas en quelque mauvais lieu?

Il montre l'ivrogne du bout de sa canne.

Buveurs...

En rompant, un des cavaliers le bouscule.

Bretteurs!

Il tombe au milieu des joueurs.

Joueurs!

LE GARDE, *derrière lui, lutinant toujours la femme*
Un baiser!

LE BOURGEOIS, *éloignant vivement son fils*
Jour de Dieu!
— Et penser que c'est dans une salle pareille   15
Qu'on joua du Rotrou,* mon fils!

LE JEUNE HOMME
Et du Corneille!*

UNE BANDE DE PAGES, *se tenant par la main, entre en farandole et chante*
Tra la la la la la la la la la la lère...*

LE PORTIER, *sévèrement aux pages*
Les pages, pas de farce!...

PREMIER PAGE, *avec une dignité blessée*
Oh! Monsieur! ce soupçon!...

Vivement au deuxième, dès que le portier a tourné le dos.

As-tu de la ficelle?

LE DEUXIÈME
Avec un hameçon.

PREMIER PAGE

On pourra de là-haut pêcher quelque perruque.*

UN TIRE-LAINE,* *groupant autour de lui plusieurs hommes*
de mauvaise mine

20   Or çà,* jeunes escrocs, venez qu'on vous éduque:
Puis donc que vous volez pour la première fois...*

DEUXIÈME PAGE, *criant à d'autres pages aux galeries supérieures*
Hep! Avez-vous des sarbacanes?*

TROISIÈME PAGE, *d'en haut*
Et des pois!

Il souffle et les crible de pois.

LE JEUNE HOMME, *à son père*
Que va-t-on nous jouer?

LE BOURGEOIS
Clorise.

LE JEUNE HOMME
De qui est-ce?

LE BOURGEOIS
De monsieur Balthazar Baro.* C'est une pièce!...

Il remonte au bras de son fils.

LE TIRE-LAINE, *à ses acolytes*
25   ... La dentelle surtout des canons,* coupez-la!

UN SPECTATEUR, *à un autre, lui montrant une encoignure élevée*
Tenez, à la première du *Cid*, j'étais là!

LE TIRE-LAINE, *faisant avec ses doigts le geste de subtiliser*
Les montres...

LE BOURGEOIS, *redescendant, à son fils*
Vous verrez des acteurs très illustres...

LE TIRE-LAINE, *faisant le geste de tirer par petites secousses furtives*
Les mouchoirs...

LE BOURGEOIS
Montfleury...*

6

QUELQU'UN, *criant de la galerie supérieure*
Allumez donc les lustres!

LE BOURGEOIS
... Bellerose, l'Epy, la Beaupré, Jodelet!*

UN PAGE, *au parterre*
Ah! voici la distributrice!...   30

LA DISTRIBUTRICE, *paraissant derrière le buffet*
Oranges, lait,
Eau de framboise, aigre de cèdre...*

Brouhaha à la porte.

UNE VOIX DE FAUSSET
Place, brutes!

UN LAQUAIS, *s'étonnant*
Les marquis!... au parterre?...

UN AUTRE LAQUAIS
Oh! pour quelques minutes.

Entre une bande de petits marquis.

UN MARQUIS, *voyant la salle à moitié vide*
Hé quoi! Nous arrivons ainsi que les drapiers,
Sans déranger les gens? sans marcher sur les pieds?
Ah fi! fi! fi!   35

Il se trouve devant d'autres gentilshommes entrés peu avant.

Cuigy! Brissaille!*

Grandes embrassades.

CUIGY
Des fidèles!...
Mais oui, nous arrivons devant que les chandelles...

LE MARQUIS
Ah! ne m'en parlez pas! Je suis dans une humeur...

UN AUTRE
Console-toi, marquis, car voici l'allumeur!

LA SALLE, *saluant l'entrée de l'allumeur*

Ah!...

On se groupe autour des lustres qu'il allume. Quelques personnes ont pris place aux galeries. Lignière entre au parterre, donnant le bras à Christian de Neuvillette. Lignière, un peu débraillé, figure d'ivrogne distingué. Christian, vêtu élégamment, mais d'une façon un peu démodée, paraît préoccupé et regarde les loges.

SCÈNE II. LES MÊMES, CHRISTIAN, LIGNIÈRE, *puis* RAGUENEAU *et* LE BRET.

CUIGY

Lignière!*

BRISSAILLE, *riant*
Pas encore gris!...

LIGNIÈRE, *bas à Christian*
Je vous présente?

Signe d'assentiment de Christian.

40   Baron de Neuvillette.*

Saluts.

LA SALLE, *acclamant l'ascension du premier lustre allumé*
Ah!

CUIGY, *à Brissaille, en regardant Christian*
La tête est charmante!

PREMIER MARQUIS, *qui a entendu*
Peuh!...

LIGNIÈRE, *présentant à Christian*
Messieurs de Cuigy, de Brissaille...

CHRISTIAN, *s'inclinant*
Enchanté!...

PREMIER MARQUIS, *au deuxième*
Il est assez joli, mais n'est pas ajusté
Au dernier goût.

LIGNIÈRE, *à Cuigy*
Monsieur débarque de Touraine.

CHRISTIAN
Oui, je suis à Paris depuis vingt jours à peine.
J'entre aux gardes demain, dans les Cadets.

45

PREMIER MARQUIS, *regardant les personnes qui entrent
dans les loges*
Voilà

La présidente Aubry!

LA DISTRIBUTRICE
Oranges, lait...

LES VIOLONS, *s'accordant*
La... la...

CUIGY, *à Christian, lui désignant la salle qui se garnit*
Du monde!

CHRISTIAN
Eh! oui, beaucoup.

PREMIER MARQUIS
Tout le bel air!

*Ils nomment les femmes à mesure qu'elles entrent, très parées, dans les
loges. Envois de saluts, réponses de sourires.*

DEUXIÈME MARQUIS
Mesdames

De Guéméné...

CUIGY
De Bois-Dauphin...

PREMIER MARQUIS
Que nous aimâmes...

BRISSAILLE
De Chavigny...*

DEUXIÈME MARQUIS
Qui de nos cœurs va se jouant!

LIGNIÈRE

50   Tiens, monsieur de Corneille est arrivé de Rouen.

LE JEUNE HOMME, *à son père*

L'Académie* est là?

LE BOURGEOIS

Mais... j'en vois plus d'un membre;
Voici Boudu, Boissat, et Cureau de la Chambre;*
Porchères, Colomby, Bourzeys, Bourdon, Arbaud...
Tous ces noms dont pas un ne mourra, que c'est beau!

PREMIER MARQUIS

55   Attention! nos précieuses prennent place:
Barthénoïde, Urimédonte, Cassandace,
Félixérie...*

DEUXIÈME MARQUIS, *se pâmant*

Ah! Dieu! leurs surnoms sont exquis!
Marquis, tu les sais tous?

PREMIER MARQUIS

Je les sais tous, marquis!

LIGNIÈRE, *prenant Christian à part*

Mon cher, je suis entré pour vous rendre service:
60   La dame ne vient pas. Je retourne à mon vice!

CHRISTIAN, *suppliant*

Non!... vous qui chansonnez* et la ville et la cour,
Restez: vous me direz pour qui je meurs d'amour.

LE CHEF DES VIOLONS, *frappant sur son pupitre, avec son archet*

Messieurs les violons!...

Il lève son archet.

LA DISTRIBUTRICE

Macarons, citronnée...*

Les violons commencent à jouer.

CHRISTIAN

J'ai peur qu'elle ne soit coquette et raffinée,
65   — Je n'ose lui parler car je n'ai pas d'esprit...
Le langage aujourd'hui qu'on parle et qu'on écrit,

10

Me trouble. Je ne suis qu'un bon soldat timide.
— Elle est toujours à droite, au fond: la loge vide.

Je pars.

        LIGNIÈRE, *faisant mine de sortir*

        CHRISTIAN, *le retenant encore*
  Oh! non, restez!

        LIGNIÈRE
        Je ne peux. D'Assoucy*
M'attend au cabaret. On meurt de soif, ici.   70

   LA DISTRIBUTRICE, *passant devant lui avec un plateau*
Orangeade?

        LIGNIÈRE
  Fi!

        LA DISTRIBUTRICE
    Lait?

        LIGNIÈRE
        Pouah!

        LA DISTRIBUTRICE
        Rivesalte?*

        LIGNIÈRE
             Halte!

À Christian.

Je reste encore un peu. — Voyons ce rivesalte?

Il s'assied près du buffet. La distributrice lui verse du rivesalte.

  CRIS, *dans le public à l'entrée d'un petit homme grassouillet*
             et réjoui
Ah! Ragueneau!...

        LIGNIÈRE, *à Christian*
      Le grand rôtisseur Ragueneau.*

  RAGUENEAU, *costume de pâtissier endimanché, s'avançant*
         vivement vers Lignière
Monsieur, avez-vous vu monsieur de Cyrano?

LIGNIÈRE, *présentant Ragueneau à Christian*

75 Le pâtissier des comédiens et des poètes!

RAGUENEAU, *se confondant*

Trop d'honneur...

LIGNIÈRE

Taisez-vous, Mécène* que vous êtes!

RAGUENEAU

Oui, ces messieurs chez moi se servent...

LIGNIÈRE

À crédit.

Poète de talent lui-même...

RAGUENEAU

Ils me l'ont dit.

LIGNIÈRE

Fou de vers!

RAGUENEAU

Il est vrai que pour une odelette...

LIGNIÈRE

80 Vous donnez une tarte...

RAGUENEAU

Oh! une tartelette!

LIGNIÈRE

Brave homme, il s'en excuse! Et pour un triolet*
Ne donnâtes-vous pas?...

RAGUENEAU

Des petits pains!

LIGNIÈRE, *sévèrement*

Au lait.

— Et le théâtre! vous l'aimez?

RAGUENEAU

Je l'idolâtre.

LIGNIÈRE

Vous payez en gâteaux vos billets de théâtre!

Votre place, aujourd'hui, là, voyons, entre nous,   85
Vous a coûté combien?

> RAGUENEAU
>> Quatre flans. Quinze choux

Il regarde de tous côtés.

Monsieur de Cyrano n'est pas là? Je m'étonne.

> LIGNIÈRE

Pourquoi?

> RAGUENEAU
> Montfleury joue!

>> LIGNIÈRE
>> En effet, cette tonne
Va nous jouer ce soir le rôle de Phédon.
Qu'importe à Cyrano?   90

> RAGUENEAU
> Mais vous ignorez donc?
Il fit à Montfleury, messieurs, qu'il prit en haine,
Défense, pour un mois, de reparaître en scène.

> LIGNIÈRE, *qui en est à son quatrième petit verre*
Eh bien?

> RAGUENEAU
> Montfleury joue!

> CUIGY, *qui s'est rapproché de son groupe*
>> Il n'y peut rien.

> RAGUENEAU
>> Oh! oh!
Moi, je suis venu voir!

> PREMIER MARQUIS
> Quel est ce Cyrano?

> CUIGY
C'est un garçon versé dans les colichemardes.*   95

> DEUXIÈME MARQUIS
Noble?

13

CUIGY

Suffisamment. Il est cadet aux gardes.

Montrant un gentilhomme qui va et vient dans la salle comme s'il cherchait quelqu'un.

Mais son ami Le Bret peut vous dire...

Il appelle

Le Bret!*

Le Bret descend vers eux.

Vous cherchez Bergerac?

LE BRET
Oui, je suis inquiet!...

CUIGY
N'est-ce pas que cet homme est des moins ordinaires?

LE BRET, *avec tendresse*
100   Ah! c'est le plus exquis des êtres sublunaires!*

RAGUENEAU
Rimeur!

CUIGY
Bretteur!

BRISSAILLE
Physicien!

LE BRET
Musicien!

LIGNIÈRE
Et quel aspect hétéroclite* que le sien!

RAGUENEAU
Certes, je ne crois pas que jamais nous le peigne
Le solennel monsieur Philippe de Champaigne;*
105   Mais bizarre, excessif, extravagant, falot,
Il eût fourni, je pense, à feu Jacques Callot*
Le plus fol spadassin* à mettre entre ses masques:

14

Feutre à panache triple* et pourpoint à six basques,
Cape que par derrière, avec pompe, l'estoc
Lève,* comme une queue insolente de coq, 110
Plus fier que tous les Artabans* dont la Gascogne
Fut et sera toujours l'alme Mère Gigogne,*
Il promène, en sa fraise à la Pulcinella,*
Un nez!... Ah! messeigneurs, quel nez que ce nez-là!...
On ne peut voir passer un pareil nasigère* 115
Sans s'écrier: «Oh! non, vraiment, il exagère!»
Puis on sourit, on dit: «Il va l'enlever...» Mais
Monsieur de Bergerac ne l'enlève jamais.

LE BRET, *hochant la tête*
Il le porte, — et pourfend quiconque le remarque!

RAGUENEAU, *fièrement*
Son glaive est la moitié des ciseaux de la Parque!* 120

PREMIER MARQUIS, *haussant les épaules*
Il ne viendra pas!

RAGUENEAU
Si!... Je parie un poulet
À la Ragueneau!*

LE MARQUIS, *riant*
Soit!

Rumeurs d'admiration dans la salle. Roxane vient de paraître dans sa loge. Elle s'assied sur le devant, sa duègne prend place au fond. Christian, occupé à payer la distributrice, ne regarde pas.

DEUXIÈME MARQUIS, *avec des petits cris*
Ah! messieurs! mais elle est
Épouvantablement ravissante!

PREMIER MARQUIS
Une pêche
Qui sourirait avec une fraise!

DEUXIÈME MARQUIS
Et si fraîche
Qu'on pourrait, l'approchant, prendre un rhume de cœur! 125

CHRISTIAN, *lève la tête, aperçoit Roxane, et saisit vivement*
Lignière par le bras

C'est elle!...

LIGNIÈRE, *regardant*
Ah! c'est elle?...

CHRISTIAN
Oui. Dites vite. J'ai peur.

LIGNIÈRE, *dégustant son rivesalte à petits coups*
Magdeleine Robin, dite Roxane.* — Fine.
Précieuse.

CHRISTIAN
Hélas!

LIGNIÈRE
Libre. Orpheline. Cousine
De Cyrano, — dont on parlait...

*À ce moment, un seigneur très élégant, le cordon bleu en sautoir, entre
dans la loge et, debout, cause un instant avec Roxane.*

CHRISTIAN, *tressaillant*
Cet homme?...

LIGNIÈRE, *qui commence à être gris, clignant de l'œil*
Hé! hé!...
130   — Comte de Guiche.* Épris d'elle. Mais marié
À la nièce d'Armand de Richelieu. Désire
Faire épouser Roxane à certain triste sire,
Un monsieur de Valvert, vicomte... et complaisant.
Elle n'y souscrit pas, mais de Guiche est puissant:
135   Il peut persécuter une simple bourgeoise.
D'ailleurs j'ai dévoilé sa manœuvre sournoise
Dans une chanson qui... Ho! il doit m'en vouloir!
La fin était méchante... Écoutez...

Il se lève en titubant, le verre haut, prêt à chanter.

CHRISTIAN
Non. Bonsoir.

LIGNIÈRE
Vous allez?

CHRISTIAN

Chez monsieur de Valvert!

LIGNIÈRE

Prenez garde:

C'est lui qui vous tuera!

140

Lui désignant du coin de l' œil Roxane.

Restez. On vous regarde.

CHRISTIAN

C'est vrai!

Il reste en contemplation. Le groupe de tire-laine, à partir de ce moment, le voyant la tête en l'air et la bouche bée, se rapproche de lui.

LIGNIÈRE

C'est moi qui pars. J'ai soif! Et l'on m'attend
— Dans des tavernes!

Il sort en zigzaguant.

LE BRET, *qui a fait le tour de la salle, revenant vers Ragueneau,
d'une voix rassurée*

Pas de Cyrano.

RAGUENEAU, *incrédule*

Pourtant...

LE BRET

Ah! je veux espérer qu'il n'a pas vu l'affiche!

LA SALLE

Commencez! Commencez!

SCÈNE III. LES MÊMES, *moins* LIGNIÈRE; DE GUICHE, VALVERT, *puis* MONTFLEURY.

UN MARQUIS, *voyant de Guiche, qui descend de la loge de
Roxane, traverse le parterre, entouré de seigneurs obséquieux,
parmi lesquels le vicomte de Valvert*

Quelle cour, ce de Guiche!

UN AUTRE

145   Fi!... Encore un Gascon!

LE PREMIER
Le Gascon souple et froid,
Celui qui réussit!... Saluons-le, crois-moi.

Ils vont vers de Guiche.

DEUXIÈME MARQUIS
Les beaux rubans! Quelle couleur, comte de Guiche?
Baise-moi-ma-mignonne ou bien *Ventre-de-Biche?*

DE GUICHE
C'est couleur *Espagnol malade.**

PREMIER MARQUIS
La couleur
150   Ne ment pas, car bientôt, grâce à votre valeur,
L'Espagnol ira mal, dans les Flandres!*

DE GUICHE
Je monte
Sur scène. Venez-vous?

Il se dirige, suivi de tous les marquis et gentilshommes, vers le théâtre. Il se retourne et appelle

Viens, Valvert!

CHRISTIAN, *qui les écoute et les observe, tressaille en entendant ce nom*
Le vicomte!
Ah! je vais lui jeter à la face mon...

Il met la main dans sa poche, et y rencontre celle d'un tire-laine en train de le dévaliser. Il se retourne.

Hein?

LE TIRE-LAINE
Ay!...

CHRISTIAN, *sans le lâcher*
Je cherchais un gant!

LE TIRE-LAINE, *avec un sourire piteux*
Vous trouvez une main.

Changeant de ton, bas et vite

Lachez-moi. Je vous livre un secret.   155

CHRISTIAN, *le tenant toujours*
Quel?

LE TIRE-LAINE
Lignière...

Qui vous quitte...

CHRISTIAN, *de même*
Eh bien?

LE TIRE-LAINE
... touche à son heure dernière.
Une chanson qu'il fit blessa quelqu'un de grand,
Et cent hommes — j'en suis — ce soir sont postés!...

CHRISTIAN
Cent!

Par qui?

LE TIRE-LAINE
Discrétion...

CHRISTIAN, *haussant les épaules*
Oh!

LE TIRE-LAINE, *avec beaucoup de dignité*
Professionnelle!

CHRISTIAN
Où seront-ils postés?   160

LE TIRE-LAINE
À la porte de Nesle.*
Sur son chemin. Prévenez-le.

CHRISTIAN, *qui lui lâche enfin le poignet*
Mais où le voir?

LE TIRE-LAINE
Allez courir tous les cabarets: *Le Pressoir*

D'Or, la Pomme de Pin, La Ceinture qui craque,
Les Deux Torches, Les Trois Entonnoirs,*— et dans chaque,
165 Laissez un petit mot d'écrit l'avertissant.

CHRISTIAN

Oui, je cours! Ah! les gueux! Contre un seul homme, cent!

Regardant Roxane avec amour.

La quitter... elle!

Avec fureur, Valvert.

Et lui!... — Mais il faut que je sauve
Lignière!...

Il sort en courant. — *De Guiche, le vicomte, les marquis, tous les gentils-hommes ont disparu derrière le rideau pour prendre place sur les banquettes de la scène. Le parterre est complètement rempli. Plus une place vide aux galeries et aux loges.*

LA SALLE

Commencez!

UN BOURGEOIS, *dont la perruque s'envole au bout d'une ficelle, pêchée par un page de la galerie supérieure*

Ma perruque!

CRIS DE JOIE

Il est chauve!...
Bravo, les pages!... Ha! ha! ha!...

LE BOURGEOIS, *furieux, montrant le poing*

Petit gredin!

RIRES ET CRIS, *qui commencent très fort et vont décroissant*

170 HA! ha! ha! ha! ha! ha!

Silence complet.

LE BRET, *étonné*

Ce silence soudain?...

Un spectateur lui parle bas

Ah?...

20

LE SPECTATEUR
La chose me vient d'être certifiée.

MURMURES, *qui courent*
Chut! — Il paraît?... — Non!... — Si! — Dans la loge grillée. —
Le Cardinal! — Le Cardinal? — Le Cardinal!*

UN PAGE
Ah! diable, on ne va pas pouvoir se tenir mal!...

On frappe sur la scène.* Tout le monde s'immobilise. Attente.

LA VOIX D'UN MARQUIS, *dans le silence, derrière le rideau*
Mouchez cette chandelle!   175

UN AUTRE MARQUIS, *passant la tête par la fente du rideau*
Une chaise!

Une chaise est passée, de main en main, au-dessus des têtes. Le marquis la prend et disparaît, non sans avoir envoyé quelques baisers aux loges.

UN SPECTATEUR
Silence!

On refrappe les trois coups. Le rideau s'ouvre. Tableau. Les marquis assis sur les côtés, dans des poses insolentes.* Toile de fond représentant un décor bleuâtre de pastorale. Quatre petits lustres de cristal eclairent la scène. Les violons jouent doucement.

LA BRET, *à Ragueneau, bas*
Montfleury entre en scène?

RAGUENEAU, *bas aussi*
Oui, c'est lui qui commence.

LE BRET
Cyrano n'est pas là.

RAGUENEAU
J'ai perdu mon pari.

LE BRET
Tant mieux! tant mieux!

On entend un air de musette, et Montfleury paraît en scène, énorme, dans un costume de berger de pastorale, un chapeau garni de roses penché sur l'oreille, et soufflant dans une cornemuse enrubannée.

Cyrano de Bergerac

LE PARTERRE, *applaudissant*
Bravo, Montfleury! Montfleury!

MONTFLEURY, *après avoir salué, jouant le rôle de Phédon*
«*Heureux qui loin des cours, dans un lieu solitaire,*
180 *Se prescrit à soi-même un exil volontaire,*
Et qui, lorsque Zéphire a soufflé sur les bois...»*

UNE VOIX, *au milieu du parterre*
Coquin, ne t'ai-je pas interdit pour un mois?

Stupeur. Tout le monde se retourne. Murmures.

VOIX DIVERSES
Hein? — Quoi? — Qu'est-ce?

On se lève dans les loges, pour voir.

CUIGY
C'est lui!

LE BRET, *terrifié*
Cyrano!

LA VOIX
Roi des pitres,*
Hors de scène à l'instant!

TOUTE LA SALLE, *indignée*
Oh!

MONTFLEURY
Mais...

LA VOIX
Tu récalcitres?*

VOIX DIVERSES, *du parterre, des loges*
185 Chut! — Assez! — Montfleury, jouez! — Ne craignez rien!...

MONTFLEURY, *d'une voix mal assurée*
«*Heureux qui loin des cours dans un lieu sol...*»

LA VOIX, *plus menaçante*
Eh bien?
Faudra-t-il que je fasse, ô Monarque des drôles,
Une plantation* de bois sur vos épaules?

22

Une canne au bout d'un bras jaillit au-dessus des têtes.

MONTFLEURY, *d'une voix de plus en plus faible*
«*Heureux qui...*»

La canne s'agite.

LA VOIX
Sortez!

LE PARTERRE
Oh!

MONTFLEURY, *s'étranglant*
«*Heureux qui loin des cours...*»

CYRANO, *surgissant du parterre, debout sur une chaise,*
les bras croisés, le feutre en bataille, la moustache
hérissée, le nez terrible
Ah! je vais me fâcher!...   190

Sensation à sa vue.

SCÈNE IV. LES MÊMES, CYRANO, *puis*
BELLEROSE, JODELET.

MONTFLEURY, *aux marquis*
Venez à mon secours,
Messieurs!

UN MARQUIS, *nonchalamment*
Mais jouez donc!

CYRANO
Gros homme, si tu joues
Je vais être obligé de te fesser les joues!*

LE MARQUIS
Assez!

CYRANO
Que les marquis se taisent sur leurs bancs,
Ou bien je fais tâter ma canne à leurs rubans!*

TOUS LES MARQUIS, *debout*

195 C'en est trop!... Montfleury...

CYRANO
Que Montfleury s'en aille,
Ou bien je l'essorille et le désentripaille!*

UN VOIX

Mais...

CYRANO
Qu'il sorte!

UNE AUTRE VOIX
Pourtant...

CYRANO
Ce n'est pas encor fait?

Avec le geste de retrousser ses manches

Bon! je vais sur la scène, en guise de buffet,
Découper cette mortadelle d'Italie!*

MONTFLEURY, *rassemblant toute sa dignité*
200 En m'insultant, monsieur, vous insultez Thalie!*

CYRANO *très poli*
Si cette Muse, à qui, monsieur, vous n'êtes rien,
Avait l'honneur de vous connaître, croyez bien
Qu'en vous voyant si gros et bête comme une urne,
Elle vous flanquerait quelque part son cothurne.*

LE PARTERRE
205 Montfleury! — Montfleury! — La pièce de Baro! —

CYRANO, *à ceux qui crient autour de lui*
Je vous en prie, ayez pitié de mon fourreau:
Si vous continuez, il va rendre sa lame!*

Le cercle s'élargit.

LA FOULE, *reculant*
Hé! là!...

CYRANO, *à Montfleury*
Sortez de scène!

24

LA FOULE, *se rapprochant et grondant*
Oh! oh!

CYRANO, *se retournant vivement*
Quelqu'un réclame?

Nouveau recul.

UNE VOIX, *chantant au fond*
Monsieur de Cyrano
Vraiment nous tyrannise,   210
Malgré ce tyranneau
On jouera *la Clorise*.

TOUTE LA SALLE, *chantant*
La Clorise, La Clorise!...*

CYRANO
Si j'entends une fois encor cette chanson,
Je vous assomme tous.

UN BOURGEOIS
Vous n'êtes pas Samson!

CYRANO
Voulez-vous me prêter, Monsieur, votre mâchoire?*   215

UNE DAME, *dans les loges*
C'est inouï!

UN SEIGNEUR
C'est scandaleux!

UN BOURGEOIS
C'est vexatoire!

UN PAGE
Ce qu'on s'amuse!

LE PARTERRE
Kss! — Montfleury! — Cyrano!

CYRANO
Silence!

LE PARTERRE, *en délire*
Hi han! Bêê! Ouah, ouah! Cocorico!

CYRANO

Je vous...

UN PAGE

Miâou!

CYRANO

Je vous ordonne de vous taire!
220 Et j'adresse un défi collectif au parterre!
— J'inscris les noms! — Approchez-vous, jeunes héros!
Chacun son tour! — Je vais donner des numéros! —
Allons, quel est celui qui veut ouvrir la liste?
Vous, Monsieur?... Non! Vous? Non! Le premier duelliste,
225 Je l'expédie avec les honneurs qu'on lui doit!
— Que tous ceux qui veulent mourir lèvent le doigt!

Silence.

La pudeur vous défend de voir ma lame nue?
Pas un nom? Pas un doigt? — C'est bien. Je continue.

Se retournant vers la scène où Montfleury attend avec angoisse.

Donc, je désire voir le théâtre guéri
230 De cette fluxion.* Sinon...

La main à son épée

le bistouri!

MONTFLEURY

Je...

CYRANO, *descend de sa chaise, s'assied au milieu du rond qui s'est
formé, s'installe comme chez lui*
Mes mains vont frapper trois claques, pleine lune!*
Vous vous éclipserez à la troisième.

LE PARTERRE, *amusé*
Ah?...

CYRANO, *frappant dans ses mains*
Une!

MONTFLEURY

Je...

26

UNE VOIX, *des loges*

Restez!

LE PARTERRE

Restera... restera pas...

MONTFLEURY

Je crois,

Messieurs...

CYRANO

Deux!

MONTFLEURY

Je suis sûr qu'il vaudrait mieux que...

CYRANO

Trois!

Montfleury disparait comme dans une trappe. Tempête de rires, de sifflets et de huées.

LA SALLE

Hu!... hu!... Lâche!... Reviens!...   235

CYRANO, *épanoui, se renverse sur sa chaise, et croise ses jambes*

Qu'il revienne, s'il l'ose!

UN BOURGEOIS

L'orateur de la troupe!

Bellerose s'avance et salue.

LES LOGES

Ah!... Voilà Bellerose!

BELLEROSE, *avec élégance*

Nobles seigneurs...

LE PARTERRE

Non! non! Jodelet!

JODELET, *s'avance, et, nasillard*

Tas de veaux!*

LE PARTERRE

Ah! Ah! Bravo! très bien! bravo!

JODELET
                    Pas de bravos!
Le gros tragédien dont vous aimez le ventre
240 S'est senti...

LE PARTERRE
                    C'est un lâche!

JODELET
                    Il dut sortir!

LE PARTERRE
                              Qu'il rentre!

                    LES UNS
Non!

              LES AUTRES
      Si!

              UN JEUNE HOMME, *à Cyrano*
          Mais à la fin, monsieur, quelle raison
Avez-vous de haïr Montfleury?

                    CYRANO, *gracieux, toujours assis*
                              Jeune oison,
J'ai deux raisons, dont chaque est suffisante seule.
Primo: c'est un acteur déplorable qui gueule,
245 Et qui soulève, avec des han! de porteur d'eau,
Le vers qu'il faut laisser s'envoler! — *Secundo:*
Est mon secret...

              LE VIEUX BOURGEOIS, *derrière lui*
                    Mais vous nous privez sans scrupule
De *la Clorise!* Je m'entête...

              CYRANO, *tournant sa chaise vers le bourgeois, respectueusement*
                              Vieille mule,
Les vers du vieux Baro valant moins que zéro,
250 J'interromps sans remords!

              LES PRÉCIEUSES, *dans les loges*
                              Ha! — Ho! — Notre Baro!
Ma chère! — Peut-on dire?... Ah! Dieu!...

28

CYRANO, *tournant sa chaise vers les loges, galant*
Belles personnes,
Rayonnez, fleurissez, soyez des échansonnes
De rêve, d'un sourire enchantez un trépas,*
Inspirez-nous des vers... mais ne les jugez pas!

BELLEROSE
Et l'argent qu'il va falloir rendre!   255

CYRANO, *tournant sa chaise vers la scène*
Bellerose,
Vous avez dit la seule intelligente chose!
Au manteau de Thespis je ne fais pas de trous:*

Il se lève, et lançant un sac sur la scène

Attrapez cette bourse au vol, et taisez-vous!

LA SALLE, *éblouie*
Ah!... Oh!...

JODELET, *ramassant prestement la bourse et la soupesant*
À ce prix-là, monsieur, je t'autorise
À venir chaque jour empêcher *la Clorise!*...   260

LA SALLE
Hu!... Hu!...

JODELET
Dussions-nous même ensemble être hués!...

BELLEROSE
Il faut évacuer la salle!...

JODELET
Évacuez!...

*On commence à sortir, pendant que Cyrano regarde d'un air satisfait.
Mais la foule s'arrête bientôt en entendant la scène suivante, et la sortie
cesse. Les femmes qui, dans les loges, étaient déja debout, leur manteau re-
mis, s'arrêtent pour écouter, et finissent par se rasseoir.*

LE BRET, *à Cyrano*
C'est fou!...

UN FÂCHEUX, *qui s'est approché de Cyrano*
Le comédien Montfleury! quel scandale!

Mais il est protégé par le duc de Candale!*
265   Avez-vous un patron?

CYRANO

Non!

LE FÂCHEUX

    Vous n'avez pas?...

CYRANO

            Non!

LE FÂCHEUX

Quoi, pas un grand seigneur pour couvrir de son nom?...

CYRANO, *agacé*

Non, ai-je dit deux fois. Faut-il donc que je trisse?*
Non, pas de protecteur...

La main à son épée

          mais une protectrice!

LE FÂCHEUX

Mais vous allez quitter la ville?

CYRANO

        C'est selon.

LE FÂCHEUX

270   Mais le duc de Candale a le bras long!

CYRANO

           Moins long

Que n'est le mien..

Montrant son épée

       quand je lui mets cette rallonge!

LE FÂCHEUX

Mais vous ne songez pas à prétendre...

CYRANO

        J'y songe.

Mais...

Acte I, scène 4

LE FÂCHEUX

Mais...

CYRANO

Tournez les talons, maintenant.

LE FÂCHEUX

Mais...

CYRANO

Tournez!

— Ou dites-moi pourquoi vous regardez mon nez.

LE FÂCHEUX, *ahuri*

Je...   275

CYRANO, *marchant sur lui*

Qu'a-t-il d'étonnant?

LE FÂCHEUX, *reculant*

Votre Grâce se trompe...

CYRANO

Est-il mol et ballant, monsieur, comme une trompe?

LE FÂCHEUX, *même jeu*

Je n'ai pas...

CYRANO

Ou crochu comme un bec de hibou?

LE FÂCHEUX

Je...

CYRANO

Y distingue-t-on une verrue au bout?

LE FÂCHEUX

Mais...

CYRANO

Ou si quelque mouche, à pas lents, s'y promène?

Qu'a-t-il d'hétéroclite?   280

LE FÂCHEUX

Oh!...

31

CYRANO

Est-ce un phénomène?

LE FÂCHEUX

Mais d'y porter les yeux j'avais su me garder!

CYRANO

Et pourquoi, s'il vous plaît, ne pas le regarder?

LE FÂCHEUX

J'avais...

CYRANO

Il vous dégoûte alors?

LE FÂCHEUX

Monsieur...

CYRANO

Malsaine

Vous semble sa couleur?

LE FÂCHEUX

Monsieur!

CYRANO

Sa forme, obscène?

LE FÂCHEUX

285   Mais du tout!...

CYRANO

Pourquoi donc prendre un air dénigrant?
— Peut-être que monsieur le trouve un peu trop grand?

LE FÂCHEUX, *balbutiant*

Je le trouve petit, tout petit, minuscule!

CYRANO

Hein? comment? m'accuser d'un pareil ridicule?
Petit, mon nez? Holà!

LE FÂCHEUX

Ciel!

CYRANO

Énorme, mon nez!

— Vil camus, sot camard,* tête plate, apprenez   290
Que je m'enorgueillis d'un pareil appendice,
Attendu qu'un grand nez est proprement l'indice
D'un homme affable, bon, courtois, spirituel,
Libéral, courageux, tel que je suis,* et tel
Qu'il vous est interdit à jamais de vous croire,   295
Déplorable maraud!* car la face sans gloire
Que va chercher ma main en haut de votre col,
Est aussi dénuée...

Il le soufflette.

LE FÂCHEUX
Ay!

CYRANO
De fierté, d'envol,
De lyrisme, de pittoresque, d'étincelle,
De somptuosité, de Nez enfin, que celle...   300

Il le retourne par les épaules, joignant le geste à la parole

Que va chercher ma botte au bas de votre dos!

LE FÂCHEUX, *se sauvant*
Au secours! À la garde!

CYRANO
Avis donc aux badauds*
Qui trouveraient plaisant mon milieu de visage,
Et si le plaisantin est noble, mon usage
Est de lui mettre, avant de le laisser s'enfuir,   305
Par-devant, et plus haut, du fer, et non du cuir!

DE GUICHE, *qui est descendu de la scène avec les marquis*
Mais, à la fin, il nous ennuie!

LE VICOMTE DE VALVERT, *haussant les épaules*
Il fanfaronne!

DE GUICHE
Personne ne va donc lui répondre?

LE VICOMTE
Personne?...

Attendez! Je vais lui lancer un de ces traits!...

Il s'avance vers Cyrano qui l'observe, et se campant devant lui
d'un air fat.

310   Vous... vous avez un nez... heu... un nez... très grand.

CYRANO, gravement

Très.

LE VICOMTE, riant

Ha!

CYRANO, imperturbable

C'est tout?...

LE VICOMTE

Mais...

CYRANO

Ah! non! c'est un peu court, jeune homme!

On pouvait dire... Oh! Dieu!... bien des choses en somme...
En variant le ton, — par exemple, tenez:
Agressif: «Moi, Monsieur, si j'avais un tel nez,
315   Il faudrait sur-le-champ que je me l'amputasse!»
Amical: «Mais il doit tremper dans votre tasse!
Pour boire, faites-vous fabriquer un hanap!»*
Descriptif: «C'est un roc!... c'est un pic!... c'est un cap!
Que dis-je, c'est un cap?... C'est une péninsule!»
320   Curieux: «De quoi sert cette oblongue capsule?
D'écritoire, Monsieur, ou de boîte à ciseaux?»
Gracieux: «Aimez-vous à ce point les oiseaux
Que paternellement vous vous préoccupâtes
De tendre ce perchoir à leurs petites pattes?»
325   Truculent: «Çà, Monsieur, lorsque vous pétunez,*
La vapeur du tabac vous sort-elle du nez
Sans qu'un voisin ne crie au feu de cheminée?»
Prévenant: «Gardez-vous, votre tête entraînée
Par ce poids, de tomber en avant sur le sol!»
330   Tendre: «Faites-lui faire un petit parasol
De peur que sa couleur au soleil ne se fane!»
Pédant: «L'animal seul, Monsieur, qu'Aristophane
Appelle Hippocampéléphantocamélos*
Dut avoir sous le front tant de chair sur tant d'os!»
335   Cavalier: «Quoi, l'ami, ce croc est à la mode?

34

Pour pendre son chapeau, c'est vraiment très commode!»
Emphatique: «Aucun vent ne peut, nez magistral,
T'enrhumer tout entier, excepté le mistral!»
Dramatique: «C'est la Mer Rouge quand il saigne!»
Admiratif: «Pour un parfumeur, quelle enseigne!»   340
Lyrique: «Est-ce une conque, êtes-vous un triton?»
Naïf: «Ce monument, quand le visite-t-on?»
Respectueux: «Souffrez, Monsieur, qu'on vous salue,
C'est là ce qui s'appelle avoir pignon sur rue!»*
Campagnard: «Hé, ardé! C'est-y un nez? Nanain!   345
C'est queuqu'navet géant ou ben queuqu'melon nain!»
Militaire: «Pointez contre cavalerie!»
Pratique: «Voulez-vous le mettre en loterie?
Assurément, Monsieur, ce sera le gros lot!»
Enfin, parodiant Pyrame en un sanglot:*   350
«Le voilà donc ce nez qui des traits de son maître
A détruit l'harmonie! Il en rougit, le traître!»
— Voilà ce qu'à peu près, mon cher, vous m'auriez dit
Si vous aviez un peu de lettres et d'esprit:
Mais d'esprit, ô le plus lamentable des êtres,   355
Vous n'en eûtes jamais un atome, et de lettres
Vous n'avez que les trois qui forment le mot: sot!
Eussiez-vous eu, d'ailleurs, l'invention qu'il faut
Pour pouvoir là, devant ces nobles galeries,
Me servir toutes ces folles plaisanteries,   360
Que vous n'en eussiez pas articulé le quart
De la moitié du commencement d'une, car
Je me les sers moi-même, avec assez de verve,
Mais je ne permets pas qu'un autre me les serve.

   DE GUICHE, *voulant emmener le vicomte pétrifié*
Vicomte, laissez donc!   365

   LE VICOMTE, *suffoqué*
   Ces grands airs arrogants!
Un hobereau* qui... qui... n'a même pas de gants!
Et qui sort sans rubans, sans bouffettes, sans ganses!*

   CYRANO
Moi, c'est moralement que j'ai mes élégances.
Je ne m'attife pas ainsi qu'un freluquet,
Mais je suis plus soigné si je suis moins coquet;   370
Je ne sortirais pas avec, par négligence,
Un affront pas très bien lavé, la conscience

Jaune encor de sommeil dans le coin de son œil,*
Un honneur chiffonné, des scrupules en deuil.*
375 Mais je marche sans rien sur moi qui ne reluise,
Empanaché* d'indépendance et de franchise;
Ce n'est pas une taille avantageuse, c'est
Mon âme que je cambre ainsi qu'en un corset,
Et tout couvert d'exploits qu'en rubans je m'attache,
380 Retroussant mon esprit ainsi qu'une moustache,
Je fais, en traversant les groupes et les ronds,
Sonner les vérités comme des éperons.

LE VICOMTE
Mais, Monsieur...

CYRANO
Je n'ai pas de gants?... la belle affaire!
Il m'en restait un seul... d'une très vieille paire,
385 — Lequel m'était d'ailleurs encor fort importun:
Je l'ai laissé dans la figure de quelqu'un.*

LE VICOMTE
Maraud, faquin, butor de pied plat ridicule!

CYRANO, *ôtant son chapeau et saluant comme si le vicomte*
venait de se présenter
Ah?... Et moi, Cyrano Savinien-Hercule
De Bergerac.*

Rires.

LE VICOMTE, *exaspéré*
Bouffon!

CYRANO, *poussant un cri comme lorsqu'on est saisi d'une crampe*
Ay!...

LE VICOMTE, *qui remontait, se retournant*
Qu'est-ce encor qu'il dit?

CYRANO, *avec des grimaces de douleur*
390 Il faut la remuer, car elle s'engourdit...
— Ce que c'est que de la laisser inoccupée! —
Ay!...

LE VICOMTE
Qu'avez-vous?

Acte I, scène 4

CYRANO
J'ai des fourmis dans mon épée!*

LE VICOMTE, *tirant la sienne*
Soit!

CYRANO
Je vais vous donner un petit coup charmant.

LE VICOMTE, *méprisant*
Poète!...

CYRANO
Oui, Monsieur, poète! et tellement
Qu'en ferraillant je vais — hop! — à l'improvisade, 395
Vous composer une ballade.

LE VICOMTE
Une ballade?

CYRANO
Vous ne vous doutez pas de ce que c'est, je crois?

LE VICOMTE
Mais...

CYRANO, *récitant comme une leçon*
La ballade, donc, se compose de trois
Couplets de huit vers...

VICOMTE, *piétinant*
Oh !

CYRANO, *continuant*
Et d'un envoi de quatre...*

LE VICOMTE
Vous... 400

CYRANO
Je vais tout ensemble en faire une et me battre,
Et vous toucher, Monsieur, au dernier vers.

LE VICOMTE
Non!

37

CYRANO

Non?

Déclamant

«Ballade du duel qu'en l'hôtel bourguignon
Monsieur de Bergerac eut avec un bélître!»*

LE VICOMTE
Qu'est-ce que c'est que ça, s'il vous plaît?

CYRANO
C'est le titre.

LA SALLE, *surexcitée au plus haut point*
405 Place! — Très amusant! — Rangez-vous! — Pas de bruits!

Tableau. Cercle de curieux au parterre, les marquis et les officiers mêlés aux bourgeois et aux gens du peuple; les pages grimpés sur des épaules pour mieux voir. Toutes les femmes debout dans les loges. À droite, de Guiche et ses gentilshommes. À gauche, Le Bret, Ragueneau, Cuigy, etc.

CYRANO, *fermant une seconde les yeux*
Attendez!... je choisis mes rimes... Là, j'y suis.

Il fait ce qu'il dit, à mesure

Je jette avec grâce mon feutre,
Je fais lentement l'abandon
Du grand manteau qui me calfeutre,
410 Et je tire mon espadon;*
Élégant comme Céladon,*
Agile comme Scaramouche,*
Je vous préviens, cher Myrmidon,*
Qu'à la fin de l'envoi je touche!*

Premiers engagements de fer

415 Vous auriez bien dû rester neutre;
Où vais-je vous larder, dindon?...*
Dans le flanc, sous votre maheutre?...*
Au cœur, sous votre bleu cordon?...
—Les coquilles* tintent, ding-don!
420 Ma pointe voltige: une mouche!*

Décidément... c'est au bedon,
Qu'à la fin de l'envoi je touche.

Il me manque une rime en eutre...
Vous rompez, plus blanc qu'amidon?*
C'est pour me fournir le mot pleutre! 425
—Tac! je pare la pointe dont
Vous espériez me faire don;—
J'ouvre la ligne,—je la bouche...
Tiens bien ta broche, Laridon!*
À la fin de l'envoi, je touche. 430

Il annonce solennellement:

ENVOI
Prince, demande à Dieu pardon!
Je quarte du pied, j'escarmouche,*
Je coupe, je feinte...

Se fendant*

Hé! là donc!

Le vicomte chancelle; Cyrano salue

À la fin de l'envoi, je touche.

Acclamations. Applaudissements dans les loges. Des fleurs et des
mouchoirs tombent.Les officiers entourent et félicitent Cyrano.
Ragueneau danse d'enthousiasme. Le Bret est heureux et navré.
Les amis du vicomte le soutiennent et l'emmènent.

LA FOULE, *en un long cri*
Ah! 435

UN CHEVAU-LÉGER
Superbe!

UNE FEMME
Joli!

RAGUENEAU
Pharamineux!*

UN MARQUIS

Nouveau!...

LE BRET

Insensé!

Bousculade autour de Cyrano. On entend:

... Compliments... félicite... bravo...

VOIX DE FEMME

C'est un héros!...

UN MOUSQUETAIRE, *s'avançant vivement vers Cyrano,
la main tendue*

Monsieur, voulez-vous me permettre?...
C'est tout à fait très bien, et je crois m'y connaître;
J'ai du reste exprimé ma joie en trépignant!

Il s'éloigne.

CYRANO, *à Cuigy*

440   Comment s'appelle donc ce monsieur?

CUIGY

D'Artagnan.*

LE BRET, *à Cyrano, lui prenant le bras*

Çà, causons!...

CYRANO

Laisse un peu sortir cette cohue...

À Bellerose

Je peux rester?

BELLEROSE, *respectueusement*

Mais oui!...

On entend des cris au dehors.

JODELET, *qui a regardé*

C'est Montfleury qu'on hue!

BELLEROSE, *solennellement*

Sic transit!...*

Changeant de ton, au portier et au moucheur de chandelles

Balayez. Fermez. N'éteignez pas.
Nous allons revenir après notre repas,
Répéter pour demain une nouvelle farce.   445

Jodelet et Bellerose sortent, après de grands saluts à Cyrano.

LE PORTIER, *à Cyrano*
Vous ne dînez donc pas?

CYRANO
Moi?... Non.

Le portier se retire.

LE BRET, *à Cyrano*
Parce que?

CYRANO, *fièrement*
Parce...

Changeant de ton en voyant que le portier est loin

Que je n'ai pas d'argent!...

LE BRET, *faisant le geste de lancer un sac*
Comment! le sac d'écus?...

CYRANO
Pension paternelle, en un jour, tu vécus!

LE BRET
Pour vivre tout un mois, alors?...

CYRANO
Rien ne me reste.

LE BRET
Jeter ce sac, quelle sottise!   450

CYRANO
Mais quel geste!...

LA DISTRIBUTRICE, *toussant derrière son petit comptoir*
Hum!...

Cyrano et Le Bret se retournent. Elle s'avance, intimidée

Monsieur... vous savoir jeûner... le cœur me fend...

Montrant le buffet

J'ai là tout ce qu'il faut...

Avec élan

Prenez!

CYRANO, *se découvrant*
Ma chère enfant,
Encor que mon orgueil de Gascon m'interdise
D'accepter de vos doigts la moindre friandise,
455 J'ai trop peur qu'un refus ne vous soit un chagrin,
Et j'accepterai donc...

Il va au buffet et choisit

Oh! peu de chose! — un grain
De ce raisin...

Elle veut lui donner la grappe, il cueille un grain

Un seul!... ce verre d'eau...

Elle veut y verser du vin, il l'arrête

limpide!
— Et la moitié d'un macaron!

Il rend l'autre moitié.

LE BRET
Mais c'est stupide!

LA DISTRIBUTRICE
Oh! quelque chose encor!

CYRANO
Oui. La main à baiser.

42

Il baise, comme la main d'une princesse, la main qu'elle lui tend.

LA DISTRIBUTRICE

Merci, Monsieur.   460

Révérence

Bonsoir.

Elle sort.

SCÈNE V. CYRANO, LE BRET, *puis* LE PORTIER.

CYRANO, à Le Bret
Je t'écoute causer.

Il s'installe devant le buffet et rangeant devant lui le macaron.

Dîner!...

... *le verre d'eau.*

Boisson!...

... *le grain de raisin.*

Dessert!...

Il s'assied.

Là, je me mets à table!
— Ah!... j'avais une faim, mon cher, épouvantable!

Mangeant

— Tu disais?

LE BRET
Que ces fats aux grands airs belliqueux
Te fausseront l'esprit si tu n'écoutes qu'eux!...
Va consulter des gens de bon sens, et t'informe   465
De l'effet qu'a produit ton algarade.*

43

Cyrano de Bergerac

CYRANO, *achevant son macaron*
Énorme.

LE BRET
Le Cardinal...

CYRANO, *s'épanouissant*
Il était là, le Cardinal?

LE BRET
A dû trouver cela...

CYRANO
Mais très original.

LE BRET
Pourtant...

CYRANO
C'est un auteur.* Il ne peut lui déplaire
470 Que l'on vienne troubler la pièce d'un confrère.

LE BRET
Tu te mets sur les bras, vraiment, trop d'ennemis!

CYRANO, *attaquant son grain de raisin*
Combien puis-je, à peu près, ce soir, m'en être mis?

LE BRET
Quarante-huit. Sans compter les femmes.

CYRANO
Voyons, compte!

LE BRET
Montfleury, le bourgeois, de Guiche, le vicomte,
475 Baro, l'Académie...

CYRANO
Assez! tu me ravis!

LE BRET
Mais où te mènera la façon dont tu vis?
Quel système est le tien?

CYRANO
J'errais dans un méandre;

44

J'avais trop de partis, trop compliqués, à prendre;
J'ai pris...

LE BRET

Lequel?

CYRANO

Mais le plus simple, de beaucoup.

J'ai décidé d'être admirable, en tout, pour tout!*   480

LE BRET, *haussant les epaules*

Soit! — Mais enfin, à moi, le motif de ta haine
Pour Montfleury, le vrai, dis-le-moi!

CYRANO, *se levant*

Ce Silène,*

Si ventru que son doigt n'atteint pas son nombril,
Pour les femmes encor se croit un doux péril,
Et leur fait, cependant qu'en jouant il bredouille,   485
Des yeux de carpe avec ses gros yeux de grenouille!
Et je le hais depuis qu'il se permit, un soir,
De poser son regard sur celle... Oh! j'ai cru voir
Glisser sur une fleur une longue limace!

LE BRET, *stupéfait*

Hein? Comment? Serait-il possible?...   490

CYRANO, *avec un rire amer*

Que j'aimasse?

Changeant de ton et gravement

J'aime.

LE BRET

Et peut-on savoir? tu ne m'as jamais dit?...

CYRANO

Qui j'aime?... Réfléchis, voyons. Il m'interdit
Le rêve d'être aimé même par une laide,
Ce nez qui d'un quart d'heure en tous lieux me précède;
Alors, moi, j'aime qui?... Mais cela va de soi!   495
J'aime — mais c'est forcé! —la plus belle qui soit!

LE BRET

La plus belle?...

45

CYRANO

Tout simplement, qui soit au monde!
La plus brillante, la plus fine,

Avec accablement

                                        la plus blonde!

LE BRET

Eh! mon Dieu, quelle est donc cette femme?

CYRANO

                                        Un danger
500   Mortel sans le vouloir, exquis sans y songer,
Un piège de nature, une rose muscade
Dans laquelle l'amour se tient en embuscade!
Qui connaît son sourire a connu le parfait.
Elle fait de la grâce avec rien, elle fait
505   Tenir tout le divin dans un geste quelconque,
Et tu ne saurais pas, Vénus, monter en conque,*
Ni toi, Diane, marcher dans les grands bois fleuris,
Comme elle monte en chaise et marche dans Paris!...

LE BRET

Sapristi! je comprends. C'est clair!

CYRANO

                        C'est diaphane!

LE BRET

510   Magdeleine Robin, ta cousine?

CYRANO

                    Oui, — Roxane.

LE BRET

Eh bien! mais c'est au mieux! Tu l'aimes? Dis-le-lui!
Tu t'es couvert de gloire à ses yeux aujourd'hui!

CYRANO

Regarde-moi, mon cher, et dis quelle espérance
Pourrait bien me laisser cette protubérance!
515   Oh! je ne me fais pas d'illusion! — Parbleu,
Oui, quelquefois, je m'attendris, dans le soir bleu;
J'entre en quelque jardin où l'heure se parfume;
Avec mon pauvre grand diable de nez je hume

46

L'avril, — je suis des yeux, sous un rayon d'argent,
Au bras d'un cavalier, quelque femme, en songeant   520
Que pour marcher, à petits pas, dans de la lune,*
Aussi moi j'aimerais au bras en avoir une;
Je m'exalte, j'oublie... et j'aperçois soudain
L'ombre de mon profil sur le mur du jardin!

LE BRET, ému

Mon ami!...   525

CYRANO
Mon ami, j'ai de mauvaises heures!

De me sentir si laid, parfois, tout seul...

LE BRET, vivement, lui prenant la main
Tu pleures?

CYRANO

Ah! non, cela, jamais! Non, ce serait trop laid,
Si le long de ce nez une larme coulait!
Je ne laisserai pas, tant que j'en serai maître,
La divine beauté des larmes se commettre*   530
Avec tant de laideur grossière!... Vois-tu bien,
Les larmes, il n'est rien de plus sublime, rien,
Et je ne voudrais pas qu'excitant la risée,
Une seule, par moi, fût ridiculisée!...

LE BRET

Va, ne t'attriste pas! L'amour n'est que hasard!   535

CYRANO, secouant la tête

Non! J'aime Cléopâtre: ai-je l'air d'un César?
J'adore Bérénice: ai-je l'aspect d'un Tite?*

LE BRET

Mais ton courage! ton esprit! — Cette petite
Qui t'offrait là, tantôt, ce modeste repas,
Ses yeux, tu l'as bien vu, ne te détestaient pas!   540

CYRANO, saisi

C'est vrai!

LE BRET

Eh! bien! alors?... Mais Roxane, elle-même,
Toute blême, a suivi ton duel!...

CYRANO
Toute blême?

LE BRET
Son cœur et son esprit déjà sont étonnés!
Ose, et lui parle, afin...

CYRANO
Quelle me rie au nez?
545 Non! — C'est la seule chose au monde que je craigne!

LE PORTIER, *introduisant quelqu'un à Cyrano*
Monsieur, on vous demande...

CYRANO, *voyant la duègne*
Ah! mon Dieu! Sa duègne!

SCÈNE VI. CYRANO, LE BRET, LA DUÈGNE.*

LA DUÈGNE, *avec un grand salut*
De son vaillant cousin on désire savoir
Où l'on peut, en secret, le voir.

CYRANO, *bouleversé*
Me voir?

LA DUÈGNE, *avec une révérence*
Vous voir.
— On a des choses à vous dire.

CYRANO
Des?...

LA DUÈGNE, *nouvelle révérence*
Des choses!

CYRANO, *chancelant*
550 Ah! mon Dieu!

LA DUÈGNE
L'on ira, demain, aux primes roses
D'aurore, — ouïr la messe à Saint-Roch.*

CYRANO, *se soutenant sur Le Bret*
Ah! mon Dieu!

48

LA DUÈGNE

En sortant, — où peut-on entrer, causer un peu?

CYRANO, *affolé*

Où?... Je... Mais... Ah! mon Dieu!...

LA DUÈGNE

Dites vite.

CYRANO

Je cherche!

LA DUÈGNE

Où?...

CYRANO

Chez... chez... Ragueneau... le pâtissier...

LA DUÈGNE

Il perche?

CYRANO

Dans la rue — ah! mon Dieu, mon Dieu! — Saint-Honoré!...   555

LA DUÈGNE, *remontant*

On ira. Soyez-y. Sept heures.

CYRANO

J'y serai.

La duègne sort.

SCENE VII. CYRANO, LE BRET, *puis* LES
COMÉDIENS, LES COMÉDIENNES, CUIGY,
BRISSAILLE, LIGNIÈRE, LE PORTIER, LES VIOLONS.

CYRANO, *tombant dans les bras de Le Bret*

Moi!... D'elle!... Un rendez-vous!...

LE BRET

Eh bien! tu n'es plus triste?

CYRANO

Ah! pour quoi que ce soit, elle sait que j'existe!

LE BRET

Maintenant, tu vas être calme?

CYRANO, *hors de lui*

Maintenant...

560 Mais je vais être frénétique et fulminant!
Il me faut une armée entière à déconfire!
J'ai dix cœurs; j'ai vingt bras; il ne peut me suffire
De pourfendre des nains...

Il crie à tue-tête

Il me faut des géants!

Depuis un moment, sur la scène, au fond, des ombres de comédiens et de comédiennes s'agitent, chuchotent: on commence à répéter. Les violons ont repris leur place.

UNE VOIX, *de la scène*

Hé! pst! là-bas! Silence! on répète céans!*

CYRANO, *riant*

565 Nous partons!

Il remonte; par la grande porte du fond entrent Cuigy, Brissaille, plusieurs officiers, qui soutiennent Lignière complètement ivre.

CUIGY

Cyrano!

CYRANO

Qu'est-ce?

CUIGY

Une énorme grive*

Qu'on t'apporte!

CYRANO, *le reconnaissant*

Lignière!... Hé, qu'est-ce qui t'arrive?

CUIGY

Il te cherche!

BRISSAILLE

Il ne peut rentrer chez lui!

CYRANO

Pourquoi?

LIGNIÈRE, *d'une voix pâteuse, lui montrant un billet*
tout chiffonné

Ce billet m'avertit... cent hommes contre moi...
À cause de... chanson... grand danger me menace...
Porte de Nesle... Il faut, pour rentrer, que j'y passe...   570
Permets-moi donc d'aller coucher sous... sous ton toit!

CYRANO

Cent hommes, m'as-tu dit? Tu coucheras chez toi!

LIGNIÈRE, *épouvanté*

Mais...

CYRANO, *d'une voix terrible, lui montrant la lanterne allumée*
que le portier balance en écoutant curieusement cette scène
Prends cette lanterne!...

Lignière saisit précipitamment la lanterne

Et marche! — Je te jure
Que c'est moi qui ferai ce soir ta couverture!...*

Aux officiers

Vous, suivez à distance, et vous serez témoins!   575

CUIGY

Mais cent hommes!...

CYRANO

Ce soir, il ne m'en faut pas moins!

Les comédiens et les comédiennes, descendus de scène, se sont rapprochés
dans leurs divers costumes.

LE BRET

Mais pourquoi protéger...

CYRANO

Voilà Le Bret qui grogne!

LE BRET

Cet ivrogne banal?...

51

CYRANO, *frappant sur l'épaule de Lignière*
Parce que cet ivrogne,
Ce tonneau de muscat, ce fût de rossoli,*
580   Fit quelque chose un jour de tout à fait joli:
Au sortir d'une messe ayant, selon le rite,
Vu celle qu'il aimait prendre de l'eau bénite,
Lui que l'eau fait sauver, courut au bénitier,
Se pencha sur sa conque et le but tout entier!...*

UNE COMÉDIENNE, *en costume de soubrette**
585   Tiens! c'est gentil, cela!

CYRANO
N'est-ce pas, la soubrette?

LA COMÉDIENNE, *aux autres*
Mais pourquoi sont-ils cent contre un pauvre poète?

CYRANO
Marchons!

Aux officiers

Et vous, Messieurs, en me voyant charger,
Ne me secondez pas, quel que soit le danger!

UNE AUTRE COMÉDIENNE, *sautant de la scène*
Oh! mais moi, je vais voir!

CYRANO
Venez!

UNE AUTRE, *sautant aussi, a un vieux comédien*
Viens-tu, Cassandre?...

CYRANO
590   Venez tous, le Docteur, Isabelle, Léandre,
Tous! Car vous allez joindre, essaim charmant et fol,
La farce italienne à ce drame espagnol,*
Et, sur son ronflement tintant un bruit fantasque,
L'entourer de grelots comme un tambour de basque!...*

TOUTES LES FEMMES, *sautant de joie*
595   Bravo! — Vite, une mante! — Un capuchon!

JODELET

Allons!

CYRANO, *aux violons*
Vous nous jouerez un air, messieurs les violons!

Les violons se joignent au cortège qui se forme. On s'empare des chandelles allumées de la rampe et on se les distribue. Cela devient une retraite aux flambeaux.

Bravo! des officiers, des femmes en costume,
Et, vingt pas en avant...

Il se place comme il dit

              Moi, tout seul, sous la plume
Que la gloire elle-même à ce feutre piqua,
Fier comme un Scipion triplement Nasica!...*   600
— C'est compris? Défendu de me prêter main-forte! —
On y est?... Un, deux, trois! Portier, ouvre la porte!

Le portier ouvre à deux battants. Un coin du vieux Paris pittoresque et lunaire paraît.

Ah!... Paris fuit, nocturne et quasi nébuleux;
Le clair de lune coule aux pentes des toits bleus;
Un cadre se prépare, exquis, pour cette scène;   605
Là-bas, sous des vapeurs en écharpe, la Seine,
Comme un mystérieux et magique miroir,
Tremble... Et vous allez voir ce que vous allez voir!

TOUS
À la porte de Nesle!

CYRANO, *debout sur le seuil*
À la porte de Nesle!

Se retournant avant de sortir, à la soubrette

Ne demandiez-vous pas pourquoi, mademoiselle,   610
Contre ce seul rimeur cent hommes furent mis?

Il tire l'épée et, tranquillement

C'est parce qu'on savait qu'il est de mes amis!

53

Il sort. Le cortège, — Lignière zigzaguant en tête, — puis les comédiennes aux bras des officiers, — puis les comédiens gambadant, — se met en marche dans la nuit au son des violons, et à la lueur falote* des chandelles.

RIDEAU

DEUXIÈME ACTE

La Rôtisserie des Poètes

La boutique de Ragueneau, rôtisseur-pâtissier, vaste ouvroir* au coin de la rue Saint-Honoré et de la rue de l'Arbre-Sec, qu'on aperçoit largement au fond, par le vitrage de la porte, grises dans les premières leurs de l'aube.

À gauche, premier plan, comptoir surmonté d'un dais en fer forgé, auxquels sont accrochés des oies, des canards, des paons blancs. Dans de grands vases de faïence, de hauts bouquets de fleurs naïves, principalement des tournesols jaunes. Du même côté, second plan, immense cheminée devant laquelle, entre de monstrueux chenets, dont chacun supporte une petite marmite, les rôtis pleurent dans les lèchefrites.*

À droite, premier plan avec porte. Deuxième plan, un escalier montant à une petite salle en soupente, dont on aperçoit l'intérieur par des volets ouverts; une table y est dressée, un menu lustre flamand y luit: c'est un réduit où l'on va manger et boire. Une galerie de bois, faisant suite à l'escalier, semble mener à d'autres petites salle analogues.

Au milieu de la rôtisserie, un cercle de fer que l'on peut faire descendre avec une corde, et auquel de grosses pièces sont accrochées, fait un lustre de gibier.*

Les fours, dans l'ombre, sous l'escalier, rougeoient. Des cuivres étincellent. Des broches tournent. Des pièces montées pyramident,* des jambons pendent. C'est le coup de feu matinal.* Bousculade de marmitons effarés, d'énormes cuisiniers et de minuscules gâte-sauces.* Foisonnement de bonnets à plume de poulet ou à aile de pintade.* On apporte, sur des plaques de tôle et des clayons d'osier,* des quinconces* de brioches, des villages de petits fours.

Des tables sont couvertes de gâteaux et de plats. D'autres, entourées de chaises, attendent les mangeurs et les buveurs. Une plus petite, dans un coin, disparaît sous les papiers. Ragueneau y est assis au lever du rideau; il écrit.

SCÈNE PREMIÈRE. RAGUENEAU, PÂTISSIERS,
puis LISE; RAGUENEAU, *à la petite table, écrivant d'un air inspiré, et comptant sur ses doigts.**

PREMIER PÂTISSIER *apportant une pièce montée*
Fruits en nougat!

DEUXIÈME PÂTISSIER, *apportant un plat*
Flan!

TROISIÈME PÂTISSIER, *apportant un rôti paré de plumes*
Paon!

QUATRIÈME PÂTISSIER, *apportant une plaque de gâteaux*
Roinsoles!*

CINQUIÈME PÂTISSIER, *apportant une sorte de terrine*
Bœuf en daube!*

RAGUENEAU, *cessant d'écrire et levant la tête*
Sur les cuivres, déjà, glisse l'argent de l'aube!
615   Étouffe en toi le dieu qui chante, Ragueneau!
L'heure du luth viendra, — c'est l'heure du fourneau!

Il se lève. — À un cuisinier

Vous, veuillez m'allonger cette sauce, elle est courte!*

LE CUISINIER
De combien?

RAGUENEAU
De trois pieds.*

Il passe.

LE CUISINIER
Hein!

PREMIER PÂTISSIER
La tarte!

56

DEUXIÈME PÂTISSIER
La tourte!*

RAGUENEAU, *devant la cheminée*
Ma Muse, éloigne-toi, pour que tes yeux charmants
N'aillent pas se rougir au feu de ces sarments!*   620

À un pâtissier, lui montrant des pains

Vous avez mal placé la fente de ces miches:
Au milieu la césure, — entre les hémistiches!*

À un autre, lui montrant un pâté inachevé

À ce palais de croûte, il faut, vous, mettre un toit...

À un jeune apprenti, qui, assis par terre, embroche des volailles

Et toi, sur cette broche interminable, toi,
Le modeste poulet et la dinde superbe,   625
Alterne-les, mon fils, comme le vieux Malherbe*
Alternait les grands vers avec les plus petits,
Et fais tourner au feu des strophes de rôtis!*

UN AUTRE APPRENTI, *s'avançant avec un plateau recouvert
d'une assiette.*
Maître, en pensant à vous, dans le four, j'ai fait cuire
Ceci, qui vous plaira, je l'espère.   630

Il découvre le plateau, on voit une grande lyre de pâtisserie.

RAGUENEAU, *ébloui*
Une lyre!

L'APPRENTI
En pâte de brioche.

RAGUENEAU, *ému*
Avec des fruits confits!

L'APPRENTI
Et les cordes, voyez, en sucre je les fis.

RAGUENEAU, *lui donnant de l'argent*
Va boire à ma santé!

Apercevant Lise qui entre

Chut! ma femme! Circule,
Et cache cet argent!

À Lise, lui montrant la lyre d'un air gêné

C'est beau?

LISE
C'est ridicule!

Elle pose sur le comptoir une pile de sacs en papier.

RAGUENEAU
635 Des sacs?... Bon. Merci.

Il les regarde

Ciel! Mes livres vénérés!
Les vers de mes amis! déchirés! démembrés!
Pour en faire des sacs à mettre des croquantes...*
Ah! vous renouvelez Orphée et les bacchantes!*

LISE, *sèchement*
Eh! n'ai-je pas le droit d'utiliser vraiment
640 Ce que laissent ici, pour unique paiement,*
Vos méchants écriveurs de lignes inégales!

RAGUENEAU
Fourmi!... n'insulte pas ces divines cigales!*

LISE
Avant de fréquenter ces gens-là, mon ami,
Vous ne m'appeliez pas bacchante, — ni fourmi!

RAGUENEAU
645 Avec des vers, faire cela!

LISE
Pas autre chose.

RAGUENEAU
Que faites-vous alors, Madame, avec la prose?*

SCÈNE II. LES MÊMES, DEUX ENFANTS, qui
viennent d'entrer dans la pâtisserie.

RAGUENEAU

Vous désirez, petits?

PREMIER ENFANT
Trois pâtés.

RAGUENEAU, *les servant*
Là, bien roux...
Et bien chauds.

DEUXIÈME ENFANT
S'il vous plaît, enveloppez-les-nous?

RAGUENEAU, *saisi, à part*
Hélas! un de mes sacs!

Aux enfants.

Que je les enveloppe?...

Il prend un sac et au moment d'y mettre les pâtés, il lit

«*Tel Ulysse, le jour qu'il quitta Pénélope...*»   650
Pas celui-ci!...

Il le met de côté et en prend un autre. Au moment d'y mettre les pâtés, il lit.

«*Le blond Phœbus...*» Pas celui-là!

Même jeu.

LISE, *impatientée*
Eh bien, qu'attendez-vous?

RAGUENEAU
Voilà, voilà, voilà!

Il en prend un troisième et se résigne.

Le sonnet à Philis!... mais c'est dur tout de même!

59

LISE

C'est heureux qu'il se soit décidé!

Haussant les épaules

Nicodème!*

Elle monte sur une chaise et se met à ranger des plats sur une crédence.

RAGUENEAU, *profitant de ce qu'elle tourne le dos, rappelle les enfants déjà à la porte*

655 Pst!... Petits!... Rendez-moi le sonnet à Philis,
Au lieu de trois pâtés je vous en donne six.

Les enfants lui rendent le sac, prennent vivement les gâteaux et sortent. Ragueneau, défripant le papier, se met à lire en déclamant

«Philis!...» Sur ce doux nom, une tache de beurre!...
«Philis!...»

Cyrano entre brusquement.

SCÈNE III. RAGUENEAU, LISE, CYRANO, *puis* LE MOUSQUETAIRE.

CYRANO

Quelle heure est-il?

RAGUENEAU, *le saluant avec empressement*
Six heures.

CYRANO, *avec émotion*
Dans une heure!

Il va et vient dans la boutique.

RAGUENEAU, *le suivant*
Bravo! J'ai vu...

CYRANO
Quoi donc!

RAGUENEAU
Votre combat!...

Acte II, scène 3

CYRANO

Lequel?

RAGUENEAU

Celui de l'hôtel de Bourgogne!   660

CYRANO, *avec dédain*

Ah!... Le duel!...

RAGUENEAU, *admiratif*

Oui, le duel en vers!...

LISE

Il en a plein la bouche!

CYRANO

Allons! tant mieux!

RAGUENEAU, *se fendant avec une broche qu'il a saisie*
«À la fin de l'envoi, je touche!...
À la fin de l'envoi, je touche!...» Que c'est beau!

Avec un enthousiasme croissant

«À la fin de l'envoi...»

CYRANO
Quelle heure, Ragueneau?

RAGUENEAU, *restant fendu pour regarder l'horloge*
Six heures cinq!... «*je touche!...*»   665

Il se relève

... Oh! faire une ballade!

LISE, *à Cyrano, qui en passant devant son comptoir lui a serré
distraitement la main*
Qu'avez-vous à la main?

CYRANO
Rien. Une estafilade.

RAGUENEAU
Courûtes-vous quelque péril?

61

CYRANO
Aucun péril.

LISE, *le menaçant du doigt*
Je crois que vous mentez!

CYRANO
Mon nez remuerait-il?*
Il faudrait que ce fût pour un mensonge énorme!

Changeant de ton

670 J'attends ici quelqu'un. Si ce n'est pas sous l'orme,*
Vous nous laisserez seuls.

RAGUENEAU
C'est que je ne peux pas;
Mes rimeurs vont venir...

LISE, *ironique*
Pour leur premier repas!

CYRANO
Tu les éloigneras quand je te ferai signe...
L'heure?

RAGUENEAU
Six heures dix.

CYRANO, *s'asseyant nerveusement à la table de Ragueneau
et prenant du papier*
Une plume?...

RAGUENEAU, *lui offrant celle qu'il a à son oreille*
De cygne.

UN MOUSQUETAIRE, *superbement moustachu, entre, et
d'une voix de stentor*
675 Salut!

Lise remonte vivement vers lui.

CYRANO, *se retournant*
Qu'est-ce?

RAGUENEAU
Un ami de ma femme. Un guerrier

62

Terrible, — à ce qu'il dit!...

CYRANO, *reprenant la plume et éloignant du geste Ragueneau*
Chut!...
Écrire, — plier, —

À lui-même

Lui donner, — me sauver...

Jetant la plume

Lâche!... Mais que je meure,
Si j'ose lui parler, lui dire un seul mot...

À Ragueneau

L'heure?

RAGUENEAU
Six et quart!...

CYRANO, *frappant sa poitrine*
... un seul mot de tous ceux que j'ai là!
Tandis qu'en écrivant...   680

Il reprend la plume

Eh bien, écrivons-la,
Cette lettre d'amour qu'en moi-même j'ai faite
Et refaite cent fois, de sorte qu'elle est prête,
Et que mettant mon âme à côté du papier,
Je n'ai tout simplement qu'à la recopier.

*Il écrit. — Derrière le vitrage de la porte on voit s'agiter des silhouettes
maigres et hésitantes.*

SCÈNE IV. RAGUENEAU, LISE, LE
MOUSQUETAIRE, CYRANO, *à la petite table, écrivant,* LES
POÈTES, *vêtus de noir, les bas tombants, couverts de boue.*

LISE, *entrant, à Ragueneau*
Les voici, vos crottés!*   685

PREMIER POÈTE, *entrant, à Ragueneau*
Confrère!...

DEUXIÈME POÈTE, *de même, lui secouant les mains*
Cher confrère!

TROISIÈME POÈTE

Aigle des pâtissiers!

Il renifle

Ça sent bon dans votre aire.

QUATRIÈME POÈTE
Ô Phœbus-Rôtisseur!

CINQUIÈME POÈTE
Apollon maître queux!...*

RAGUENEAU, *entouré, embrassé, secoué*
Comme on est tout de suite à son aise avec eux!...

PREMIER POÈTE
Nous fûmes retardés par la foule attroupée
690   À la porte de Nesle!...

DEUXIÈME POÈTE
Ouverts à coups d'épée,
Huit malandrins* sanglants illustraient les pavés!

CYRANO, *levant une seconde la tête*
Huit?... Tiens, je croyais sept.

Il reprend sa lettre.

RAGUENEAU, *à Cyrano*
Est-ce que vous savez
Le héros du combat?

CYRANO, *négligemment*
Moi?... Non!

LISE, *au mousquetaire*
Et vous?

LE MOUSQUETAIRE, *se frisant la moustache*
Peut-être!

CYRANO, *écrivant, à part,* — *on l'entend murmurer de temps en temps*

Je vous aime...

PREMIER POÈTE
Un seul homme, assurait-on, sut mettre
Toute une bande en fuite!...   695

DEUXIÈME POÈTE
Oh! c'était curieux!
Des piques, des bâtons jonchaient le sol!...

CYRANO, *écrivant*
... vos yeux...

TROISIÈME POÈTE
On trouvait des chapeaux jusqu'au quai des Orfèvres!*

PREMIER POÈTE
Sapristi! ce dut être un féroce...

CYRANO, *même jeu*
... vos lèvres...

PREMIER POÈTE
Un terrible géant, l'auteur de ces exploits!

CYRANO, *même jeu*
... Et je m'évanouis de peur quand je vous vois.   700

DEUXIÈME POÈTE, *happant un gâteau*
Qu'as-tu rimé de neuf, Ragueneau?

CYRANO, *même jeu*
... qui vous aime...

Il s'arrête au moment de signer, et se lève, mettant sa lettre dans son pourpoint.

Pas besoin de signer. Je la donne moi-même.

RAGUENEAU, *aux deuxième poète*
J'ai mis une recette en vers.

TROISIÈME POÈTE, *s'installant près d'un plateau de choux à la crème*
Oyons ces vers!*

65

QUATRIÈME POÈTE, *regardant une brioche qu'il a prise*
Cette brioche a mis son bonnet de travers.

Il la décoiffe d'un coup de dent.

PREMIER POÈTE
705 Ce pain d'épice suit le rimeur famélique
De ses yeux en amande aux sourcils d'angélique!

Il happe le morceau de pain d'épice.

DEUXIÈME POÈTE
Nous écoutons.

TROISIÈME POÈTE, *serrant légèrement un chou entre ses doigts*
Le chou bave sa crème. Il rit.

DEUXIÈME POÈTE, *mordant à même la grande lyre de pâtisserie*
Pour la première fois la Lyre me nourrit!

RAGUENEAU, *qui s'est préparé à réciter, qui a toussé, assuré*
son bonnet, pris une pose
Une recette en vers...

DEUXIÈME POÈTE, *au premier, lui donnant un coup de coude*
Tu déjeunes?

PREMIER POÈTE, *au deuxième*
Tu dînes!

RAGUENEAU
710 *Comment on fait les tartelettes amandines.*
Battez, pour qu'ils soient mousseux,
Quelques œufs;
Incorporez à leur mousse
Un jus de cédrat choisi;
715 Versez-y
Un bon lait d'amande douce;

Mettez de la pâte à flan
Dans le flanc
De moules à tartelette;
720 D'un doigt preste, abricotez*
Les côtés;
Versez goutte à gouttelette

66

Votre mousse en ces puits, puis
    Que ces puits
Passent au four, et, blondines,*   725
    Sortant en gais troupelets,
      Ce sont les
    Tartelettes amandines!

          LES POÈTES, *la bouche pleine*
Exquis! Délicieux!

          UN POÈTE, *s'étouffant*
    Homph!

Ils remontent vers le fond, en mangeant. Cyrano qui a observé s'avance vers Ragueneau.

          CYRANO
          Bercés par ta voix,
Ne vois-tu pas comme ils s'empiffrent?   730

          RAGUENEAU, *plus bas, avec un sourire*
          Je le vois...
Sans regarder, de peur que cela ne les trouble,
Et dire ainsi mes vers me donne un plaisir double,
Puisque je satisfais un doux faible que j'ai
Tout en laissant manger ceux qui n'ont pas mangé!

          CYRANO, *lui frappant sur l'épaule*
Toi, tu me plais!...   735

Ragueneau va rejoindre ses amis. Cyrano le suit des yeux, puis, un peu brusquement

        Hé là, Lise?

Lise, en conversation tendre avec le mousquetaire, tressaille et descend vers Cyrano.

          Ce capitaine...
Vous assiège?

          LISE, *offensée*
         Oh! mes yeux, d'une œillade hautaine
Savent vaincre quiconque attaque mes vertus.

          CYRANO
Euh! pour des yeux vainqueurs, je les trouve battus.*

LISE, *suffoquée*

Mais...

CYRANO, *nettement*

740 Ragueneau me plaît. C'est pourquoi, dame Lise,
Je défends que quelqu'un le ridicoculise.*

LISE

Mais...

CYRANO, *qui a élevé la voix assez pour être entendu du galant*
À bon entendeur...*

*Il salue le mousquetaire, et va se mettre en observation, à la porte
du fond, après avoir regardé l'horloge.*

LISE, *au mousquetaire qui a simplement rendu son salut à Cyrano*
Vraiment, vous m'étonnez!
Répondez... sur son nez...

LE MOUSQUETAIRE
Sur son nez... sur son nez...

Il s'éloigne vivement, Lise le suit.

CYRANO, *de la porte du fond, faisant signe à Ragueneau
d'emmener les poètes*
Pst!...

RAGUENEAU, *montrant aux poètes la porte de droite*
Nous serons bien mieux par là...

CYRANO, *s'impatientant*
Pst! pst!...

RAGUENEAU, *les entraînant*
Pour lire
Des vers...

PREMIER POÈTE, *désespéré, la bouche pleine*
Mais les gâteaux!...

DEUXIÈME POÈTE
Emportons-les!

*Ils sortent tous derrière Ragueneau, processionnellement, et après avoir
fait une rafle de plateaux.*

SCENE V. CYRANO, ROXANE, LA DUÈGNE.

CYRANO

Je tire

Ma lettre si je sens seulement qu'il y a   745
Le moindre espoir!...

Roxane, masquée, suivie de la duègne, paraît derrière le vitrage.
Il ouvre vivement la porte.

Entrez!...

Marchant sur la duègne.

Vous, deux mots, duègna!*

LA DUÈGNE

Quatre.

CYRANO

Êtes-vous gourmande?

LA DUÈGNE

À m'en rendre malade.

CYRANO, *prenant vivement des sacs de papier sur le comptoir*
Bon. Voici deux sonnets de monsieur Benserade...*

LA DUÈGNE, *piteuse*

Heu!...

CYRANO

... que je vous remplis de darioles.*

LA DUÈGNE, *changeant de figure*

Hou!

CYRANO

Aimez-vous le gâteau qu'on nomme petit chou?   750

LA DUÈGNE, *avec dignité*
Monsieur, j'en fais état, lorsqu'il est à la crème.

CYRANO

J'en plonge six pour vous dans le sein d'un poème
De Saint-Amant!* Et dans ces vers de Chapelain*
Je dépose un fragment, moins lourd, de poupelin.*
755   — Ah! vous aimez les gâteaux frais?

LA DUÈGNE

         J'en suis férue!

CYRANO, *lui chargeant les bras de sacs remplis*
Veuillez aller manger tous ceux-ci dans la rue.

LA DUÈGNE

Mais...

CYRANO, *la poussant dehors*
Et ne revenez qu'après avoir fini!

Il referme la porte, redescend vers Roxane, et s'arrête, découvert, à une distance respectueuse.

SCENE VI. CYRANO, ROXANE, LA DUÈGNE,
un instant.

CYRANO

Que l'instant entre tous les instants soit béni,
Où, cessant d'oublier qu'humblement je respire,
760   Vous venez jusqu'ici pour me dire... me dire?...

ROXANE, *qui s'est démasquée*
Mais tout d'abord merci; car ce drôle, ce fat
Qu'au brave jeu d'épée, hier, vous avez fait mat,*
C'est lui qu'un grand seigneur... épris de moi...

CYRANO

         De Guiche?

ROXANE, *baissant les yeux*
Cherchait à m'imposer... comme mari...

CYRANO

         Postiche?*

Saluant

Je me suis donc battu, madame, et c'est tant mieux,   765
Non pour mon vilain nez, mais bien pour vos beaux yeux.

ROXANE

Puis... je voulais... Mais pour l'aveu que je viens faire,
Il faut que je revoie en vous le... presque frère,
Avec qui je jouais, dans le parc — près du lac!...

CYRANO

Oui... vous veniez tous les étés à Bergerac!...*   770

ROXANE

Les roseaux fournissaient le bois pour vos épées...

CYRANO

Et les maïs, les cheveux blonds pour vos poupées!

ROXANE

C'était le temps des jeux...

CYRANO
Des mûrons aigrelets...*

ROXANE

Le temps où vous faisiez tout ce que je voulais!...

CYRANO

Roxane, en jupons courts, s'appelait Madeleine...   775

ROXANE

J'étais jolie, alors?

CYRANO
Vous n'étiez pas vilaine.

ROXANE

Parfois, la main en sang de quelque grimpement,*
Vous accouriez! — Alors, jouant à la maman,
Je disais d'une voix qui tâchait d'être dure:

Elle lui prend la main.

«Qu'est-ce que c'est encor que cette égratignure?»   780

Elle l'arrête, stupéfaite.

Oh! C'est trop fort! Et celle-ci?

71

Cyrano veut retirer sa main.

Non! Montrez-la!
Hein? à votre âge, encore! — Où t'es-tu fait cela?

CYRANO
En jouant, du côté de la porte de Nesle.

ROXANE *s'asseyant à une table, et trempant son mouchoir*
dans un verre d'eau
Donnez!

CYRANO, *s'asseyant aussi*
Si gentiment! Si gaiement maternelle!

ROXANE
785 Et, dites-moi, — pendant que j'ôte un peu le sang —
Ils étaient contre vous?

CYRANO
Oh! pas tout à fait cent.

ROXANE
Racontez!

CYRANO
Non. Laissez. Mais vous, dites la chose
Que vous n'osiez tantôt me dire...

ROXANE, *sans quitter sa main*
À présent, j'ose,
Car le passé m'encouragea de son parfum!
790 Oui, j'ose maintenant. Voilà. J'aime quelqu'un.

CYRANO
Ah!...

ROXANE
Qui ne le sait pas d'ailleurs,

CYRANO
Ah!...

ROXANE
Pas encore.

CYRANO

Ah!...

ROXANE
Mais qui va bientôt le savoir, s'il l'ignore.

CYRANO

Ah!...

ROXANE
Un pauvre garçon qui jusqu'ici m'aima
Timidement, de loin, sans oser le dire...

CYRANO
Ah!...

ROXANE
Laissez-moi votre main, voyons, elle a la fièvre. —   795
Mais moi, j'ai vu trembler les aveux sur sa lèvre.

CYRANO

Ah!...

ROXANE, *achevant de lui faire un petit bandage avec son mouchoir*
Et figurez-vous, tenez, que, justement
Oui, mon cousin, il sert dans votre régiment!

CYRANO

Ah!...

ROXANE, *riant*
Puisqu'il est cadet dans votre compagnie!

CYRANO

Ah!...   800

ROXANE
Il a sur son front de l'esprit, du génie,
Il est fier, noble, jeune, intrépide, beau...

CYRANO, *se levant tout pâle*
Beau!

ROXANE
Quoi? Qu'avez-vous?

CYRANO
Moi, rien... C'est... c'est...

Il montre sa main, avec un sourire

C'est ce bobo.

ROXANE
Enfin, je l'aime. Il faut d'ailleurs que je vous die*
Que je ne l'ai jamais vu qu'à la Comédie.*

CYRANO
805   Vous ne vous êtes donc pas parlé?

ROXANE
Nos yeux seuls.

CYRANO
Mais comment savez-vous, alors?

ROXANE
Sous les tilleuls
De la place Royale, on cause... Des bavardes
M'ont renseignée...

CYRANO
Il est cadet?

ROXANE
Cadet* aux gardes.

CYRANO
Son nom?

ROXANE
Baron Christian de Neuvillette.

CYRANO
Hein?...
810   Il n'est pas aux cadets.

ROXANE
Si, depuis ce matin:
Capitaine Carbon de Castel-Jaloux.*

CYRANO
Vite,

Vite, on lance son cœur!...* Mais, ma pauvre petite...

LA DUÈGNE, *ouvrant la porte du fond*
J'ai fini les gâteaux, monsieur de Bergerac!

CYRANO
Eh bien! lisez les vers imprimés sur le sac!

La duègne disparaît.

... Ma pauvre enfant, vous qui n'aimez que beau langage,   815
Bel esprit, — si c'était un profane, un sauvage?

ROXANE
Non, il a les cheveux d'un héros de d'Urfé!*

CYRANO
S'il était aussi maldisant que bien coiffé!

ROXANE
Non, tous les mots qu'il dit sont fins, je le devine!

CYRANO
Oui, tous les mots sont fins quand la moustache est fine.   820
— Mais si c'était un sot!...

ROXANE, *frappant du pied*
Eh bien! j'en mourrais, là!

CYRANO, *après un temps*
Vous m'avez fait venir pour me dire cela?
Je n'en sens pas très bien l'utilité, madame.

ROXANE
Ah, c'est que quelqu'un hier m'a mis la mort dans l'âme,
Et me disant que tous, vous êtes tous Gascons*   825
Dans votre compagnie...

CYRANO
Et que nous provoquons
Tous les blancs-becs qui, par faveur, se font admettre
Parmi les purs Gascons que nous sommes, sans l'être?
C'est ce qu'on vous a dit?

ROXANE
Et vous pensez si j'ai
Tremblé pour lui!   830

CYRANO, *entre ses dents*
Non sans raison!

ROXANE
                              Mais j'ai songé,
Lorsque invincible et grand, hier, vous nous apparûtes,
Châtiant ce coquin, tenant tête à ces brutes, —
J'ai songé: s'il voulait, lui que tous ils craindront...

CYRANO
C'est bien, je défendrai votre petit baron.

ROXANE
835   Oh! n'est-ce pas que vous allez me le défendre?
J'ai toujours eu pour vous une amitié si tendre!

                              CYRANO
Oui, oui.

ROXANE
                    Vous serez son ami?

                              CYRANO
                                    Je le serai.

ROXANE
Et jamais il n'aura de duel?

                              CYRANO
                              C'est juré.

ROXANE
Oh! je vous aime bien. Il faut que je m'en aille.

*Elle remet vivement son masque, une dentelle sur son front, et
distraitement*

840   Mais vous ne m'avez pas raconté la bataille
De cette nuit. Vraiment ce dut être inouï!...
— Dites-lui qu'il m'écrive.

Elle lui envoie un petit baiser de la main

                              Oh! je vous aime!

                              CYRANO
                                    Oui, oui.

ROXANE

Cent hommes contre vous? Allons, adieu. — Nous sommes
De grands amis!

CYRANO

Oui, oui.

ROXANE

Qu'il m'écrive! — Cent hommes! —
Vous me direz plus tard. Maintenant, je ne puis.   845
Cent hommes! Quel courage!

CYRANO, *la saluant*
Oh! j'ai fait mieux depuis.*

*Elle sort. Cyrano reste immobile, les yeux à terre. Un silence. La porte
s'ouvre. Ragueneau passe sa tête.*

SCÈNE VII. CYRANO, RAGUENEAU, LES POÈTES, CARBON DE CASTELJALOUX, LES CADETS, LA FOULE, *etc.*, *puis* DE GUICHE.

RAGUENEAU
Peut-on rentrer?

CYRANO, *sans bouger*
Oui...

*Ragueneau fait signe et ses amis rentrent. En même temps, à la porte du
fond paraît Carbon de Castel-Jaloux, costume de capitaine aux gardes,
qui fait de grands gestes en apercevant Cyrano.*

CARBON DE CASTEL-JALOUX
Le voilà!

CYRANO, *levant la tête*
Mon capitaine!...

CARBON, *exultant*
Notre héros! Nous savons tout! Une trentaine
De mes cadets sont là!...

CYRANO, *reculant*
Mais...

CARBON, *voulant l'entraîner*
Viens! on veut te voir!

CYRANO
850   Non!

CARBON
Ils boivent en face, à *la Croix du Trahoir.**

CYRANO
Je...

CARBON, *remontant à la porte, et criant à la cantonade,*
d'une voix de tonnerre
Le héros refuse. Il est d'humeur bourrue!

UNE VOIX, *au dehors*
Ah! Sandious!

Tumulte au dehors, bruit d'épées et de bottes qui se rapprochent.

CARBON, *se frottant les main*
Les voici qui traversent la rue!

LES CADETS, *entrant dans la rôtisserie*
Mille dioux! — Capdedious! — Mordious! — Pocapdedious!*

RAGUENEAU, *reculant, épouvanté*
Messieurs, vous êtes donc tous de Gascogne!

LES CADETS
Tous!

UN CADET, *à Cyrano*
855   Bravo!

CYRANO
Baron!

UN AUTRE, *lui secouant les mains*
Vivat!

CYRANO
Baron!

78

TROISIÈME CADET

Que je t'embrasse!

CYRANO

Baron!

PLUSIEURS GASCONS

Embrassons-le!

CYRANO, *ne sachant auquel répondre*

Baron... baron... de grâce...

RAGUENEAU

Vous êtes tous barons, Messieurs!

LES CADETS

Tous?

RAGUENEAU

Le sont-ils?...

PREMIER CADET

On ferait une tour rien qu'avec nos tortils!*

LE BRET, *entrant, et courant à Cyrano*

On te cherche! Une foule en délire conduite
Par ceux qui cette nuit marchèrent à ta suite...   860

CYRANO, *épouvanté*

Tu ne leur as pas dit où je me trouve?...

LE BRET, *se frottant les mains*

Si!

UN BOURGEOIS, *entrant suivi d'un groupe*

Monsieur, tout le Marais* se fait porter ici!

Au dehors, la rue s'est remplie de monde. Des chaises à porteurs, des carrosses s'arrêtent.

LE BRET, *bas, souriant à Cyrano*

Et Roxane?

CYRANO, *vivement*

Tais-toi!

LA FOULE, *criant dehors*

Cyrano!...

Une cohue se précipite dans la pâtisserie. Bousculade. Acclamations.

RAGUENEAU, *debout sur une table*
Ma boutique
Est envahie! On casse tout! C'est magnifiqué!

DES GENS, *autour de Cyrano*
865 Mon ami... mon ami...

CYRANO
Je n'avais pas hier
Tant d'amis!...

LE BRET, *ravi*
Le succès!

UN PETIT MARQUIS, *accourant les mains tendues*
Si tu savais, mon cher...

CYRANO
Si tu?... Tu?... Qu'est-ce donc qu'ensemble nous gardâmes?*

UN AUTRE
Je veux vous présenter, Monsieur, à quelques dames
Qui là, dans mon carrosse...

CYRANO, *froidement*
Et vous d'abord, à moi,
870 Qui vous présentera?

LE BRET, *stupéfait*
Mais qu'as-tu donc?

CYRANO
Tais-toi!

UN HOMME DE LETTRES, *avec une écritoire*
Puis-je avoir des détails sur?...

CYRANO
Non.

LE BRET, *lui poussant le coude*
C'est Théophraste
Renaudot!* l'inventeur de la gazette.

80

CYRANO

Baste!

LE BRET

Cette feuille où l'on fait tant de choses tenir!
On dit que cette idée a beaucoup d'avenir!

UN POÈTE, *s'avançant*

Monsieur...   875

CYRANO

Encor!

LE POÈTE

Je veux faire un pentacrostiche*
Sur votre nom...

QUELQU'UN, *s'avançant encore*

Monsieur...

CYRANO

Assez!

Mouvement. On se range. De Guiche paraît, escorté d'officiers.
Cuigy, Brissaille, les officiers qui sont partis avec Cyrano à la
fin du premier acte. Cuigy vient vivement à Cyrano.

CUIGY, *à Cyrano*

Monsieur de Guiche!

Murmure. Tout le monde se range.

Vient de la part du maréchal de Gassion!*

DE GUICHE, *saluant Cyrano*

... Qui tient à vous mander son admiration
Pour le nouvel exploit dont le bruit vient de courre.*

LA FOULE

Bravo!...   880

CYRANO, *s'inclinant*

Le maréchal s'y connaît en bravoure.

DE GUICHE

Il n'aurait jamais cru le fait si ces messieurs
N'avaient pu lui jurer l'avoir vu.

Cyrano de Bergerac

CUIGY
De nos yeux!

LE BRET, *bas à Cyrano, qui a l'air absent*

Mais...

CYRANO
Tais-toi!

LE BRET
Tu parais souffrir!

CYRANO, *tressaillant et se redressant vivement*
Devant ce monde?...

Sa moustache se hérisse; il poitrine

Moi, souffrir?... Tu vas voir!

DE GUICHE, *auquel Cuigy a parlé à l'oreille*
Votre carrière abonde
885 De beaux exploits, déjà. — Vous servez chez ces fous
De Gascons, n'est-ce pas?

CYRANO
Aux cadets, oui.

UN CADET, *d'une voix terrible*
Chez nous!

DE GUICHE, *regardant les Gascons, rangés derrière Cyrano*
Ah! ah!... Tous ces messieurs à la mine hautaine,
Ce sont donc les fameux?...

CARBON DE CASTEL-JALOUX
Cyrano!

CYRANO
Capitaine?

CARBON
Puisque ma compagnie est, je crois, au complet,
890 Veuillez la présenter au comte, s'il vous plaît.

CYRANO, *faisant deux pas vers de Guiche, et montrant les cadets*
Ce sont les cadets de Gascogne*
De Carbon de Castel-Jaloux;

82

Bretteurs et menteurs sans vergogne,
Ce sont les cadets de Gascogne!
Parlant blason, lambel, bastogne,*   895
Tous plus nobles que des filous,
Ce sont les cadets de Gascogne
De Carbon de Castel-Jaloux:

Œil d'aigle, jambe de cigogne,
Moustache de chat, dents de loups,   900
Fendant la canaille qui grogne,
Œil d'aigle, jambe de cigogne,
Ils vont, — coiffés d'un vieux vigogne*
Dont la plume cache les trous! —
Œil d'aigle, jambe de cigogne,   905
Moustache de chat, dents de loups!

Perce-Bedaine et Casse-Trogne*
Sont leurs sobriquets les plus doux;*
De gloire, leur âme est ivrogne!
Perce-Bedaine et Casse-Trogne,   910
Dans tous les endroits où l'on cogne
Ils se donnent des rendez-vous...
Perce-Bedaine et Casse-Trogne
Sont leurs sobriquets les plus doux!

Voici les cadets de Gascogne   915
Qui font cocus tous les jaloux!
Ô femme, adorable carogne,*
Voici les cadets de Gascogne!
Que le vieil époux se renfrogne:
Sonnez, clairons! chantez, coucous!   920
Voici les cadets de Gascogne
Qui font cocus tous les jaloux!

DE GUICHE, *nonchalamment assis dans un fauteuil que
Ragueneau a vite apporté*
Un poète est un luxe, aujourd'hui, qu'on se donne.
— Voulez-vous être à moi?

CYRANO
Non, Monsieur, à personne.

DE GUICHE
Votre verve amusa mon oncle Richelieu,   925

83

Hier. Je veux vous servir auprès de lui.

LE BRET, ébloui

Grand Dieu!

DE GUICHE

Vous avez bien rimé cinq actes, j'imagine?

LE BRET, à l'oreille de Cyrano

Tu vas faire jouer, mon cher, ton *Agrippine!**

DE GUICHE

Portez-les-lui.

CYRANO, tenté et un peu charmé

Vraiment...

DE GUICHE

Il est des plus experts.

930   Il vous corrigera seulement quelques vers...*

CYRANO, dont le visage s'est immédiatement rembruni

Impossible, Monsieur; mon sang se coagule
En pensant qu'on y peut changer une virgule.

DE GUICHE

Mais quand un vers lui plaît, en revanche, mon cher,
Il le paye très cher.

CYRANO

Il le paye moins cher

935   Que moi, lorsque j'ai fait un vers, et que je l'aime,
Je me le paye, en me le chantant à moi-même!

DE GUICHE

Vous êtes fier.

CYRANO

Vraiment, vous l'avez remarqué?

UN CADET, entrant avec, enfilés à son épée, des chapeaux aux
plumets miteux,* aux coiffes trouées, défoncées

Regarde, Cyrano! Ce matin, sur le quai,
Le bizarre gibier à plumes que nous prîmes!
940   Les feutres des fuyards!...

84

CARBON

Des dépouilles opimes!*

TOUT LE MONDE, *riant*

Ah! Ah! Ah!

CUIGY

Celui qui posta ces gueux, ma foi,
Doit rager aujourd'hui.

BRISSAILLE

Sait-on qui c'est?

DE GUICHE

C'est moi.

Les rires s'arrêtent.

Je les avais chargés de châtier, — besogne
Qu'on ne fait pas soi-même, — un rimailleur* ivrogne.

Silence gêné.

LE CADET, *à mi-voix, à Cyrano, lui montrant les feutres*
Que faut-il qu'on en fasse? Ils sont gras... Un salmis?   945

CYRANO, *prenant l'épée où ils sont enfilés, et les faisant, dans un salut, tous glisser aux pieds de de Guiche*
Monsieur, si vous voulez les rendre à vos amis?

DE GUICHE, *se levant et d'une voix brève*
Ma chaise et mes porteurs, tout de suite: je monte.

À Cyrano, violemment

Vous, Monsieur!...

UNE VOIX, *dans la rue, criant*
Les porteurs de monseigneur le comte
De Guiche!

DE GUICHE, *qui s'est dominé, avec un sourire*
... Avez-vous lu *Don Quichot?**

CYRANO

Je l'ai lu.
Et me découvre au nom de cet hurluberlu.*   950

DE GUICHE

Veuillez donc méditer alors...

UN PORTEUR, *paraissant au fond*
Voici la chaise.

DE GUICHE
Sur le chapitre des moulins!

CYRANO, *saluant*
Chapitre treize.*

DE GUICHE
Car, lorsqu'on les attaque, il arrive souvent...

CYRANO
J'attaque donc des gens qui tournent à tout vent?*

DE GUICHE
955   ... Qu'un moulinet* de leurs grands bras chargés de toiles
Vous lance dans la boue!...

CYRANO
Ou bien dans les étoiles!

De Guiche sort. On le voit remonter en chaise. Les seigneurs s'éloignent en chuchotant. Le Bret les réaccompagne. La foule sort.

SCÈNE VIII. CYRANO, LE BRET, LES CADETS,
qui se sont attablés à droite et à gauche et auxquels on sert à boire et à manger.

CYRANO, *saluant d'un air goguenard ceux qui sortent sans oser le saluer*
Messieurs... Messieurs... Messieurs...

LE BRET, *désolé, redescendant, les bras au ciel*
Ah! dans quels jolis draps...

CYRANO
Oh! toi! tu vas grogner!

LE BRET
Enfin, tu conviendras
Qu'assassiner toujours la chance passagère,

Devient exagéré.   **960**

CYRANO
Hé bien oui, j'exagère!

LE BRET, *triomphant*
Ah!

CYRANO
Mais pour le principe, et pour l'exemple aussi,
Je trouve qu'il est bon d'exagérer ainsi.

LE BRET
Si tu laissais un peu ton âme mousquetaire,
La fortune et la gloire...

CYRANO
Et que faudrait-il faire?
Chercher un protecteur puissant, prendre un patron,   **965**
Et, comme un lierre obscur qui circonvient un tronc
Et s'en fait un tuteur en lui léchant l'écorce,*
Grimper par ruse au lieu de s'élever par force?
Non, merci.* Dédier, comme tous ils le font,
Des vers aux financiers?* se changer en bouffon   **970**
Dans l'espoir vil de voir, aux lèvres d'un ministre,
Naître un sourire, enfin, qui ne soit pas sinistre?
Non, merci. Déjeuner, chaque jour, d'un crapaud?*
Avoir un ventre usé par la marche?* une peau
Qui plus vite, à l'endroit des genoux, devient sale?   **975**
Exécuter des tours de souplesse dorsale?...
Non, merci. D'une main flatter la chèvre au cou
Cependant que, de l'autre, on arrose le chou,*
Et, donneur de séné par désir de rhubarbe,
Avoir son encensoir, toujours, dans quelque barbe?*   **980**
Non, merci! Se pousser de giron en giron,
Devenir un petit grand homme dans un rond.*
Et naviguer, avec des madrigaux pour rames,
Et dans ses voiles des soupirs de vieilles dames?
Non, merci! Chez le bon éditeur de Sercy*   **985**
Faire éditer ses vers en payant? Non, merci!
S'aller faire nommer pape par les conciles
Que dans des cabarets tiennent des imbéciles?
Non, merci! Travailler à se construire un nom
Sur un sonnet, au lieu d'en faire d'autres? Non,   **990**

87

Merci! Ne découvrir du talent qu'aux mazettes?*
Être terrorisé par de vagues gazettes,
Et se dire sans cesse: «Oh! pourvu que je sois
Dans les petits papiers du *Mercure François*»?...*
995 Non, merci! Calculer, avoir peur, être blême,
Aimer mieux faire une visite qu'un poème,
Rédiger des placets,* se faire présenter?
Non, merci! non, merci! non, merci! Mais... chanter,
Rêver, rire, passer, être seul, être libre,
1000 Avoir l'œil qui regarde bien, la voix qui vibre,
Mettre, quand il vous plaît, son feutre de travers,
Pour un oui, pour un non, se battre, — ou faire un vers!
Travailler sans souci de gloire ou de fortune,
À tel voyage, auquel on pense, dans la lune!
1005 N'écrire jamais rien qui de soi ne sortît,
Et, modeste d'ailleurs, se dire: mon petit,
Sois satisfait des fleurs, des fruits, même des feuilles,
Si c'est dans ton jardin à toi que tu les cueilles!
Puis, s'il advient d'un peu triompher,* par hasard,
1010 Ne pas être obligé d'en rien rendre à César,
Vis-à-vis de soi-même en garder le mérite,
Bref, dédaignant d'être le lierre parasite,
Lors même qu'on n'est pas le chêne ou le tilleul,
Ne pas monter bien haut, peut-être, mais tout seul!

LE BRET

1015 Tout seul, soit! mais non pas contre tous! Comment diable
As-tu contracté la manie effroyable
De te faire toujours, partout, des ennemis?

CYRANO

À force de vous voir vous faire des amis,
Et rire à ces amis dont vous avez des foules,
1020 D'une bouche empruntée au derrière des poules!
J'aime raréfier sur mes pas les saluts,*
Et m'écrie avec joie: un ennemi de plus!

LE BRET

Quelle aberration!

CYRANO

Eh bien! oui, c'est mon vice.
Déplaire est mon plaisir. J'aime qu'on me haïsse.
1025 Mon cher, si tu savais comme l'on marche mieux

Sous la pistolétade excitante des yeux!*
Comme, sur les pourpoints, font d'amusantes taches
Le fiel des envieux et la bave des lâches!
— Vous, la molle amitié dont vous vous entourez,
Ressemble à ces grands cols d'Italie, ajourés*   1030
Et flottants, dans lesquels votre cou s'effémine:
On y est plus à l'aise... et de moins haute mine,
Car le front n'ayant pas de maintien ni de loi,
S'abandonne à pencher dans tous les sens. Mais moi,
La Haine, chaque jour, me tuyaute et m'apprête*   1035
La fraise dont l'empois force à lever la tête;
Chaque ennemi de plus est un nouveau godron*
Qui m'ajoute une gêne, et m'ajoute un rayon:
Car, pareille en tous points à la fraise espagnole,
La Haine est un carcan, mais c'est une auréole!*   1040

     LE BRET, *après un silence, passant son bras sous le sien*
Fais tout haut l'orgueilleux et l'amer, mais, tout bas,
Dis-moi tout simplement qu'elle ne t'aime pas!

               CYRANO, *vivement*
Tais-toi!

Depuis un moment, Christian est entré, s'est mêlé aux cadets; ceux-ci ne lui adressent pas la parole; il a fini par s'asseoir seul à une petite table, où Lise le sert.

SCÈNE IX. CYRANO, LE BRET, LES CADETS, CHRISTIAN DE NEUVILLETTE.

     UN CADET, *assis à une table du fond, le verre à la main*
     Hé! Cyrano!

Cyrano se retourne.

     Le récit?

           CYRANO
           Tout à l'heure!

Il remonte au bras de Le Bret. Ils causent bas.

LE CADET, *se levant, et descendant*

1045 Le récit du combat! Ce sera la meilleure
Leçon

Il s'arrête devant la table où est Christian.

pour ce timide apprentif!

CHRISTIAN, *levant la tête*
Apprentif?

UN AUTRE CADET
Oui, septentrional maladif!*

CHRISTIAN
Maladif?

PREMIER CADET, *goguenard*
Monsieur de Neuvillette, apprenez quelque chose:
C'est qu'il est un objet, chez nous, dont on ne cause
Pas plus que de cordon dans l'hôtel* d'un pendu!

CHRISTIAN
1050 Qu'est-ce?

UN AUTRE CADET, *d'une voix terrible*
Regarde-moi!

Il pose trois fois, mystérieusement, son doigt sur son nez

M'avez-vous entendu?

CHRISTIAN
Ah! c'est le...

UN AUTRE
Chut!... jamais ce mot ne se profère!

Il montre Cyrano qui cause au fond avec Le Bret.

Ou c'est à lui, là-bas, que l'on aurait affaire!

UN AUTRE, *qui, pendant qu'il était tourné vers les premiers, est*
venu sans bruit s'asseoir sur la table, dans son dos
Deux nasillards* par lui furent exterminés
Parce qu'il lui déplut qu'ils parlassent du nez!

UN AUTRE, *d'une voix caverneuse, — surgissant de sous la*
table où il s'est glissé à quatre pattes
On ne peut faire, sans défuncter avant l'âge,*   1055
La moindre allusion au fatal cartilage!

      UN AUTRE, *lui posant la main sur l'épaule*
Un mot suffit! Que dis-je, un mot? Un geste, un seul!
Et tirer son mouchoir, c'est tirer son linceul!

Silence. Tous autour de lui, les bras croisés, le regardent. Il se lève et va
à Carbon de Castel-Jaloux qui, causant avec un officier, a l'air de ne
rien voir.

          CHRISTIAN
Capitaine!

      CARBON, *se retournant et le toisant*
Monsieur?

          CHRISTIAN
          Que fait-on quand on trouve
Des Méridionaux trop vantards?...   1060

          CARBON
          On leur prouve
Qu'on peut être du Nord, et courageux.

Il lui tourne le dos.

          CHRISTIAN
          Merci.

     PREMIER CADET, *à Cyrano*
Maintenant, ton récit!

          TOUS
     Son récit!

    CYRANO, *redescend vers eux*
          Mon récit?...

Tous rapprochent leurs escabeaux, se groupent autour de lui, tendent le col.
Christian s'est mis à cheval sur une chaise.

Eh bien! donc je marchais tout seul, à leur rencontre.
La lune, dans le ciel, luisait comme une montre,
Quand soudain, je ne sais quel soigneux horloger   1065

S'étant mis à passer un coton nuager*
Sur le boîtier d'argent de cette montre ronde,
Il se fit une nuit la plus noire du monde,
Et les quais n'étant pas du tout illuminés,
1070   Mordious! on n'y voyait pas plus loin...

CHRISTIAN

Que son nez.*

Silence. Tout le monde se lève lentement. On regarde Cyrano avec terreur. Celui-ci s'est interrompu, stupéfait. Attente.

CYRANO

Qu'est-ce que c'est que cet homme-là!

UN CADET, *à mi-voix*

C'est un homme

Arrivé ce matin.

CYRANO, *faisant un pas vers Christian*

Ce matin?

CARBON, *à mi-voix*

Il se nomme.

Le baron de Neuvil...

CYRANO, *vivement, s'arrêtant*

Ah! c'est bien...

Il pâlit, rougit, a encore un mouvement pour se jeter sur Christian.

Je...

Puis il se domine, et dit d'une voix sourde

Très bien...

Il reprend

Je disais donc...

Avec un éclat de rage dans la voix

Mordious!...

92

Il continue d'un ton naturel

que l'on n'y voyait rien.

Stupeur. On se rassied en se regardant.

Et je marchais, songeant que pour un gueux fort mince   1075
J'allais mécontenter quelque grand, quelque prince,
Qui m'aurait sûrement...

CHRISTIAN
Dans le nez...

Tout le monde se lève. Christian se balance sur sa chaise.

CYRANO, *d'une voix étranglée*
Une dent, —*
Qui m'aurait une dent... et qu'en somme, imprudent,
J'allais fourrer...

CHRISTIAN
Le nez...

CYRANO
Le doigt... entre l'écorce
Et l'arbre,* car ce grand pouvait être de force   1080
À me faire donner...

CHRISTIAN
Sur le nez...

CYRANO, *essuyant la sueur à son front*
Sur les doigts.*
— Mais j'ajoutai: Marche, Gascon, fais ce que dois!
Va, Cyrano! Et ce disant, je me hasarde,
Quand, dans l'ombre, quelqu'un me porte...

CHRISTIAN
Une nasarde.*

CYRANO
Je la pare, et soudain me trouve...   1085

CHRISTIAN
Nez à nez...

93

CYRANO, *bondissant vers lui*

Ventre-Saint-Gris!*

Tous les Gascons se précipitent pour voir; arrivé sur Christian, il se maîtrise et continue

　　　　　...avec cent braillards avinés
Qui puaient...

CHRISTIAN

À plein nez...

CYRANO, *blême et souriant*
　　　　　L'oignon et la litharge!*
Je bondis, front baissé...

CHRISTIAN
Nez au vent!

CYRANO
　　　　　... et je charge!
J'en estomaque deux!* J'en empale un tout vif!
1090　**Quelqu'un m'ajuste: paf! et je riposte...**

CHRISTIAN
Pif!*

CYRANO, *éclatant*
Tonnerre! Sortez tous!

Tous les cadets se précipitent vers les portes.

PREMIER CADET
C'est le réveil du tigre!

CYRANO
Tous! Et laissez-moi seul avec cet homme!

DEUXIÈME CADET
　　　　　Bigre!
On va le retrouver en hachis!

RAGUENEAU
En hachis?

UN AUTRE CADET
Dans un de vos pâtés!

RAGUENEAU

Je sens que je blanchis,
Et que je m'amollis comme une serviette!   1095

CARBON

Sortons!

UN AUTRE

Il n'en va pas laisser une miette!

UN AUTRE

Ce qui va se passer ici, j'en meurs d'effroi!

UN AUTRE, *refermant la porte de droite*
Quelque chose d'épouvantable!

*Ils sont tous sortis, — soit par le fond, soit par les côtés, — quelques-uns
ont disparu par l'escalier. Cyrano et Christian restent face à face, et se
regardent un moment.*

SCÈNE X. CYRANO, CHRISTIAN.

CYRANO
Embrasse-moi!

CHRISTIAN

Monsieur...

CYRANO
Brave.

CHRISTIAN
Ah çà! mais!...

CYRANO
Très brave. Je préfère.

CHRISTIAN

Me direz-vous?...   1100

CYRANO
Embrasse-moi. Je suis son frère.

CHRISTIAN

De qui?

CYRANO

Mais d'elle!

CHRISTIAN

Hein?...

CYRANO

Mais de Roxane!

CHRISTIAN, *courant à lui*

Ciel!

Vous son frère?

CYRANO

Ou tout comme: un cousin fraternel.*

CHRISTIAN

Elle vous a?...

CYRANO

Tout dit!

CHRISTIAN

M'aime-t-elle?

CYRANO

Peut-être!

CHRISTIAN, *lui prenant les mains*

Comme je suis heureux, Monsieur, de vous connaître!

CYRANO

1105   Voilà ce qui s'appelle un sentiment soudain.

CHRISTIAN

Pardonnez-moi...

CYRANO, *le regardant, et lui mettant la main sur l'épaule*

C'est vrai qu'il est beau, le gredin!

CHRISTIAN

Si vous saviez, Monsieur, comme je vous admire!

CYRANO

Mais tous ces nez que vous m'avez...

CHRISTIAN

Je les retire!

CYRANO

Roxane attend ce soir une lettre...

CHRISTIAN
Hélas!

CYRANO
Quoi?

CHRISTIAN

C'est me perdre que de cesser de rester coi!   1110

CYRANO

Comment?

CHRISTIAN
Las! je suis sot à m'en tuer de honte.

CYRANO

Mais non, tu ne l'es pas, puisque tu t'en rends compte.
D'ailleurs, tu ne m'as pas attaqué comme un sot.

CHRISTIAN

Bah! on trouve des mots quand on monte à l'assaut!
Oui, j'ai certain esprit facile et militaire,   1115
Mais je ne sais, devant les femmes, que me taire.
Oh! leurs yeux, quand je passe, ont pour moi des bontés...

CYRANO

Leurs cœurs n'en ont-ils plus quand vous vous arrêtez?

CHRISTIAN

Non! car je suis de ceux, — je le sais... et je tremble! —
Qui ne savent parler d'amour...   1120

CYRANO
Tiens!... Il me semble

Que si l'on eût pris soin de me mieux modeler,
J'aurais été de ceux qui savent en parler.

CHRISTIAN

Oh! pouvoir exprimer les choses avec grâce!

CYRANO

Être un joli petit mousquetaire qui passe!

CHRISTIAN

1125 Roxane est précieuse et sûrement je vais
Désillusionner Roxane!

CYRANO, *regardant Christian*
Si j'avais
Pour exprimer mon âme un pareil interprète!

CHRISTIAN, *avec désespoir*
Il me faudrait de l'éloquence!

CYRANO, *brusquement*
Je t'en prête!
Toi, du charme physique et vainqueur, prête-m'en:
1130 Et faisons à nous deux un héros de roman!*

CHRISTIAN
Quoi?

CYRANO
Te sens-tu de force à répéter les choses
Que chaque jour je t'apprendrai?...

CHRISTIAN
Tu me proposes?...

CYRANO
Roxane n'aura pas de désillusions!
Dis, veux-tu qu'à nous deux nous la séduisions?
1135 Veux-tu sentir passer, de mon pourpoint de buffle*
Dans ton pourpoint brodé, l'âme que je t'insuffle!...

CHRISTIAN
Mais, Cyrano!...

CYRANO
Christian, veux-tu?

CHRISTIAN
Tu me fais peur!

CYRANO
Puisque tu crains, tout seul, de refroidir son cœur,
Veux-tu que nous fassions — et bientôt tu l'embrases! —
1140 Collaborer un peu tes lèvres et mes phrases?...

CHRISTIAN

Tes yeux brillent!...

CYRANO

Veux-tu?...

CHRISTIAN

Quoi! cela te ferait

Tant de plaisir?...

CYRANO, *avec enivrement*

Cela...

Se reprenant, et en artiste.

Cela m'amuserait!
C'est une expérience à tenter un poète.
Veux-tu me compléter et que je te complète?
Tu marcheras, j'irai dans l'ombre à ton côté: 1145
Je serai ton esprit, tu seras ma beauté.

CHRISTIAN

Mais la lettre qu'il faut, au plus tôt, lui remettre!
Je ne pourrai jamais...

CYRANO, *sortant de son pourpoint la lettre qu' il a écrite*

Tiens, la voilà, ta lettre!

CHRISTIAN

Comment?

CYRANO

Hormis l'adresse, il n'y manque plus rien.

CHRISTIAN

Je...   1150

CYRANO

Tu peux l'envoyer. Sois tranquille. Elle est bien.

CHRISTIAN

Vous aviez?...

CYRANO

Nous avons toujours, nous, dans nos poches,
Des épîtres à des Chloris...* de nos caboches,*
Car nous sommes ceux-là qui pour amante n'ont

Que du rêve soufflé dans la bulle d'un nom!...*
1155 Prends, et tu changeras en vérités ces feintes;
Je lançais au hasard ces aveux et ces plaintes:
Tu verras se poser tous ces oiseaux errants.
Tu verras que je fus dans cette lettre — prends! —
D'autant plus éloquent que j'étais moins sincère!
1160 Prends donc, et finissons!

CHRISTIAN
                    N'est-il pas nécessaire
De changer quelques mots? Écrite en divaguant,
Ira-t-elle à Roxane?

CYRANO
                    Elle ira comme un gant!

CHRISTIAN
Mais...

CYRANO
        La crédulité de l'amour-propre est telle,
Que Roxane croira que c'est écrit pour elle!

CHRISTIAN
1165 Ah! mon ami!

Il se jette dans les bras de Cyrano. Ils restent embrassés.

SCÈNE XI. CYRANO, CHRISTIAN, LES GASCONS, LE MOUSQUETAIRE, LISE.

UN CADET, *entr'ouvrant la porte*
Plus rien... Un silence de mort...
Je n'ose regarder...

Il passe la tête

Hein?

TOUS LES CADETS, *entrant et voyant Cyrano et Christian qui s'embrassent*
Ah!... Oh!...

UN CADET
C'est trop fort!

Consternation.

LE MOUSQUETAIRE, *goguenard*
Ouais?...

CARBON
Notre démon est doux comme un apôtre!
Quand sur une narine on le frappe, — il tend l'autre?*

LE MOUSQUETAIRE
On peut donc lui parler de son nez, maintenant?...

Appelant Lise, d'un air triomphant

— Eh. Lise! Tu vas voir!   1170

Humant l'air avec affectation

Oh!... oh!... c'est surprenant!
Quelle odeur!...

Allant à Cyrano, dont il regarde le nez avec impertinence

Mais Monsieur doit l'avoir reniflée?
Qu'est-ce que cela sent, ici?...

CYRANO, *le souffletant*
La giroflée!*

Joie. Les cadets ont retrouvé Cyrano, ils font des culbutes.

RIDEAU

TROISIÈME ACTE

Le Baiser de Roxane

Une petite place dans l'ancien Marais. Vieilles maisons. Perspectives de ruelles. À droite, la maison de Roxane et le mur de son jardin que débordent de larges feuillages. Au-dessus de la porte, fenêtre et balcon. Un banc devant le seuil.

Du lierre grimpe au mur, du jasmin enguirlande le balcon, frissonne et retombe.

Par le banc et les pierres en saillie du mur, on peut facilement grimper au balcon.

En face, une ancienne maison de même style, brique et pierre, avec une porte d'entrée. Le heurtoir de cette porte est emmailloté de linge comme un pouce malade.

Au lever de rideau, la duègne est assise sur le banc. La fenêtre est grande ouverte sur le balcon de Roxane.

Près de la duègne se tient debout Ragueneau, vêtu d'une sorte de livrée: il termine un récit, en s'essuyant les yeux.

SCÈNE PREMIÈRE. RAGUENEAU, LA DUÈGNE, puis ROXANE, CYRANO et DEUX PAGES.

RAGUENEAU
… Et puis, elle est partie avec un mousquetaire!
Seul, ruiné, je me pends. J'avais quitté la terre.
1175 Monsieur de Bergerac entre, et, me dépendant,*
Me vient à sa cousine offrir comme intendant.*

LA DUÈGNE
Mais comment expliquer cette ruine où vous êtes?

RAGUENEAU
Lise aimait les guerriers, et j'aimais les poètes!
Mars mangeait les gâteaux que laissait Apollon:*
1180 — Alors, vous comprenez, cela ne fut pas long!

LA DUÈGNE, *se levant et appelant vers la fenêtre ouverte*
Roxane, etes-vous prête?... On nous attend!

LA VOIX DE ROXANE, *par la fenêtre*
Je passe
Une mante!

LA DUÈGNE, *à Ragueneau, lui montrant la porte d en face*
C'est là qu'on nous attend, en face.
Chez Clomire.* Elle tient bureau, dans son réduit.*
On y lit un discours sur le Tendre,* aujourd'hui.

RAGUENEAU
Sur le Tendre?   1185

LA DUÈGNE, *minaudant*
Mais oui!...

Criant vers la fenêtre.

Roxane, il faut descendre,
Ou nous allons manquer le discours sur le Tendre!

LA VOIX DE ROXANE
Je viens!

On entend un bruit d'instruments à cordes qui se rapproche.

LA VOIX DE CYRANO, *chantant dans la coulisse*
La! la! la! la!

LA DUÈGNE, *surprise*
On nous joue un morceau?

CYRANO, *suivi de deux pages porteurs de théorbes**
Je vous dis que la croche est triple, triple sot!*

PREMIER PAGE, *ironique*
Vous savez donc, Monsieur, si les croches sont triples?

CYRANO
Je suis musicien, comme tous les disciples   1190
De Gassendi!*

LE PAGE, *jouant et chantant*
La! la!

CYRANO, *lui arrachant le théorbe et continuant la*
phrase musicale

Je peux continuer!...

La! la! la! la!

ROXANE, *paraissant sur le balcon*

C'est vous?

CYRANO, *chantant sur l'air qu'il continue*

Moi qui viens saluer

Vos lys, et présenter mes respects à vos ro... ses!

ROXANE

Je descends!

Elle quitte le balcon.

LA DUÈGNE, *montrant les pages*

Qu'est-ce donc que ces deux virtuoses?

CYRANO

1195   C'est un pari que j'ai gagné sur d'Assoucy.

Nous discutions un point de grammaire. — Non! — Si —

Quand soudain me montrant ces deux grands escogriffes*

Habiles à gratter les cordes de leurs griffes,

Et dont il fait toujours son escorte, il me dit:

1200   «Je te parie un jour de musique!» Il perdit.

Jusqu'à ce que Phœbus* recommence son orbe,

J'ai donc sur mes talons ces joueurs de théorbe,

De tout ce que je fais harmonieux témoins!...

Ce fut d'abord charmant, et ce l'est déjà moins.

Aux musiciens

1205   Hep!... Allez de ma part jouer une pavane.*

À Montfleury!...

Les pages remontent pour sortir. —À la duègne.

Je viens demander à Roxane,

Ainsi que chaque soir...

Aux pages qui sortent.

Jouez longtemps, — et faux!

À la duègne

... Si l'ami de son âme est toujours sans défauts?

ROXANE, *sortant de la maison*
Ah! qu'il est beau, qu'il a d'esprit et que je l'aime!

CYRANO, *souriant*
Christian a tant d'esprit?...   1210

ROXANE
Mon cher, plus que vous-même!

CYRANO
J'y consens.

ROXANE
Il ne peut exister à mon goût
Plus fin diseur de ces jolis riens qui sont tout.
Parfois il est distrait, ses Muses sont absentes;
Puis, tout à coup, il dit des choses ravissantes!

CYRANO, *incrédule*
Non?   1215

ROXANE
C'est trop fort! Voilà comme les hommes sont:
Il n'aura pas d'esprit puisqu'il est beau garçon!

CYRANO
Il sait parler du cœur d une façon experte?

ROXANE
Mais il n'en parle pas, Monsieur, il en disserte!

CYRANO
Il écrit?

ROXANE
Mieux encor! Écoutez donc un peu:

Déclamant.

«*Plus tu me prends de cœur, plus j'en ai!..*».   1220

Triomphante, à Cyrano.

Eh! bien?

CYRANO

Peuh!...

ROXANE

Et ceci: «*Pour souffrir, puisqu'il m'en faut un autre,*
Si vous gardez mon cœur, envoyez-moi le vôtre!»

CYRANO

Tantôt il en a trop et tantôt pas assez.
Qu'est-ce au juste qu'il veut, de cœur?...

ROXANE, *frappant du pied*

Vous m'agacez!

1225 C'est la jalousie...

CYRANO, *tressaillant*

Hein!

ROXANE

... d'auteur qui vous dévore!
— Et ceci, n'est-il pas du dernier tendre* encore?
«*Croyez que devers vous mon cœur ne fait qu'un cri,*
Et que si les baisers s'envoyaient par écrit,
Madame, vous liriez ma lettre avec les lèvres!...»

CYRANO, *souriant malgré lui de satisfaction*

1230 Ha! ha! ces lignes-là sont... hé! he!

Se reprenant et avec dédain.

mais bien mièvres!

ROXANE

Et ceci...

CYRANO, *ravi*

Vous savez donc ses lettres par cœur?

ROXANE

Toutes!

CYRANO, *frisant sa moustache*

Il n'y a pas à dire: c'est flatteur!

C'est un maître!

CYRANO, *modeste*
Oh!... un maître!...

ROXANE, *péremptoire*
Un maître!...

CYRANO, *saluant*
Soit!... un maître!

LA DUÈGNE, *qui était remontée, redescendant vivement*
Monsieur de Guiche!

À Cyrano, le poussant vers la maison.

Entrez!... car il vaut mieux, peut-être,
Qu'il ne vous trouve pas ici; cela pourrait   1235
Le mettre sur la piste...

ROXANE, *à Cyrano*
Oui, de mon cher secret!
Il m'aime, il est puissant, il ne faut pas qu'il sache!
Il peut dans mes amours donner un coup de hache!

CYRANO, *entrant dans la maison*
Bien! bien! bien!

De Guiche paraît.

SCÈNE II. ROXANE, DE GUICHE, LA DUÈGNE,
à l'écart.

ROXANE, *à de Guiche, lui faisant une révérence*
Je sortais.

DE GUICHE
Je viens prendre congé.

ROXANE
Vous partez?   1240

107

DE GUICHE

Pour la guerre.

ROXANE

Ah!

DE GUICHE

Ce soir même.

ROXANE

Ah!

DE GUICHE

J'ai

Des ordres. On assiège Arras.*

ROXANE

Ah!... on assiège?...

DE GUICHE

Oui... Mon départ a l'air de vous laisser de neige.

ROXANE, *poliment*

Oh!...

DE GUICHE

Moi, je suis navré. Vous reverrai-je?... Quand?
— Vous savez que je suis nommé mestre de camp?*

ROXANE, *indifférente*

1245   Bravo.

DE GUICHE

Du régiment des gardes.

ROXANE, *saisie*

Ah! des gardes?

DE GUICHE

Où sert votre cousin, l'homme aux phrases vantardes.
Je saurai me venger de lui, là-bas.

ROXANE, *suffoquée*

Comment!

Les gardes vont là-bas?

DE GUICHE, *riant*
Tiens! c'est mon régiment!

ROXANE, *tombant assise sur le banc, — à part*
Christian!

DE GUICHE
Qu'avez-vous?

ROXANE, *tout émue*
Ce... départ... me désespère!
Quand on tient à quelqu'un, le savoir à la guerre!   1250

DE GUICHE, *surpris et charmé*
Pour la première fois me dire un mot si doux,
Le jour de mon départ!

ROXANE, *changeant de ton et s'éventant*
Alors, — vous allez vous
Venger de mon cousin?...

DE GUICHE, *souriant*
On est pour lui?

ROXANE
Non, — contre!

DE GUICHE
Vous le voyez?

ROXANE
Très peu.

DE GUICHE
Partout on le rencontre
Avec un des cadets...   1255

Il cherche le nom.

ce Neu... villen... viller...

ROXANE
Un grand?

DE GUICHE
Blond.

ROXANE

Roux.

DE GUICHE
Beau!...

ROXANE
Peuh!

DE GUICHE
Mais bête.

ROXANE
Il en a l'air.

Changeant de ton.

... Votre vengeance envers Cyrano, — c'est peut-être
De l'exposer au feu, qu'il adore?... Elle est piètre!
Je sais bien, moi, ce qui lui serait sanglant!

DE GUICHE
C'est?...

ROXANE
1260   Mais si le régiment, en partant, le laissait
Avec ses chers cadets, pendant toute la guerre,
À Paris, bras croisés!... C'est la seule manière,
Un homme comme lui, de le faire enrager:
Vous voulez le punir? privez-le de danger.

DE GUICHE
1265   Une femme! une femme! il n y a qu'une femme
Pour inventer ce tour!

ROXANE
Il se rongera l'âme,
Et ses amis les poings,* de n'être pas au feu:
Et vous serez vengé!

DE GUICHE, *se rapprochant*
Vous m'aimez donc un peu!

Elle sourit.

Je veux voir dans ce fait d'épouser ma rancune

110

Une preuve d'amour, Roxane!   1270

ROXANE
C'en est une.

DE GUICHE, *montrant plusieurs plis cachetés*
J'ai les ordres sur moi qui vont être transmis
À chaque compagnie, à l'instant même, hormis...

Il en détache un.

Celui-ci! C'est celui des cadets.

Il le met dans sa poche.

Je le garde.

Riant.

Ah! ah! ah! Cyrano!... Son humeur bataillarde!...
— Vous jouez donc des tours aux gens, vous?...   1275

ROXANE, *le regardant*
                                            Quelquefois.

DE GUICHE, *tout près d elle*
Vous m affolez! Ce soir — écoutez — oui, je dois
Être parti. Mais fuir quand je vous sens émue!...
Ècoutez. Il y a, près d'ici, dans la rue
D'Orléans, un couvent fondé par le syndic*
Des capucins,* le Père Athanase. Un laïc   1280
N'y peut entrer. Mais les bons Pères, je m'en charge!...
Ils peuvent me cacher dans leur manche: elle est large.
— Ce sont les capucins qui servent Richelieu
Chez lui; redoutant l'oncle, ils craignent le neveu. —
On me croira parti. Je viendrai sous le masque.   1285
Laisse-moi retarder d'un jour, chère fantasque!

ROXANE, *vivement*
Mais si cela s'apprend, votre gloire...

DE GUICHE
                                            Bah!

ROXANE

Mais

Le siège, Arras...

DE GUICHE

Tant pis! Permettez!

ROXANE

Non!

DE GUICHE

Permets!

ROXANE, *tendrement*

Je dois vous le défendre!

DE GUICHE

Ah!

ROXANE

Partez!

À part

Christian reste.

Haut.

1290 Je vous veux héroïque, — Antoine!

DE GUICHE

Mot céleste!

Vous aimez donc celui?...

ROXANE

Pour lequel j'ai frémi.

DE GUICHE, *transporté de joie*

Je pars!

Il lui baise la main.

Êtes-vous contente?

ROXANE

Oui, mon ami!

112

Il sort.

LA DUÈGNE, *lui faisant dans le dos une révérence comique*
Oui, mon ami!

ROXANE, *à la duègne*
Taisons ce que je viens de faire:
Cyrano m'en voudrait de lui voler sa guerre!

Elle appelle vers la maison.

Cousin!   1295

SCÈNE III. ROXANE, LA DUÈGNE, CYRANO.

ROXANE
Nous allons chez Clomire.

Elle désigne la porte d'en face.

Alcandre y doit
Parler, et Lysimon!

LA DUÈGNE, *mettant son petit doigt dans son oreille*
Oui! mais mon petit doigt
Dit* qu'on va les manquer!

CYRANO, *à Roxane*
Ne manquez pas ces singes!

Ils sont arrivés devant la porte de Clomire.

LA DUÈGNE, *avec ravissement*
Oh! voyez! le heurtoir est entouré de linges!...

Au heurtoir.

On vous a bâillonné pour que votre métal
Ne troublât pas les beaux discours, — petit brutal!*   1300

Elle le soulève avec des soins infinis et frappe doucement.

ROXANE, *voyant qu'on ouvre*

Entrons!...

Du seuil, à Cyrano.

Si Christian vient, comme je le présume,
Qu'il m'attende!

CYRANO, *vivement, comme elle va disparaître*
Ah!

Elle se retourne.

Sur quoi, selon votre coutume,
Comptez-vous aujourd'hui l'interroger?

ROXANE
Sur...

CYRANO, *vivement*
Sur?

ROXANE
Mais vous serez muet, là-dessus?

CYRANO
Comme un mur.

ROXANE
1305   Sur rien!... Je vais lui dire: Allez! Partez sans bride!
Improvisez. Parlez d'amour. Soyez splendide!

CYRANO, *souriant*
Bon.

ROXANE
Chut!...

CYRANO
Chut!...

R OXANE
Pas un mot!...

Elle rentre et referme la porte.

114

Elle va à lui.

Le soir descend.
Attendez. Ils sont loin. L'air est doux. Nul passant.
Asseyons-nous. Parlez. J'écoute.

CHRISTIAN, *s'assied près d'elle, sur le banc. Un silence*
Je vous aime.

ROXANE, *fermant les yeux*
Oui, parlez-moi d'amour.*   1330

CHRISTIAN
Je t'aime.

ROXANE
C'est le thème.
Brodez, brodez.*

CHRISTIAN
Je vous...

ROXANE
Brodez!

CHRISTIAN
Je t'aime tant!

ROXANE
Sans doute. Et puis?

CHRISTIAN
Et puis... je serais si content
Si vous m'aimiez! — Dis-moi, Roxane, que tu m'aimes!

ROXANE, *avec une moue*
Vous m'offrez du brouet* quand j'espérais des crèmes!
Dites un peu comment vous m'aime?   1335

CHRISTIAN
Mais... beaucoup.

ROXANE
Oh!... Délabyrinthez* vos sentiments!

CHRISTIAN, *qui s'est rapproché et dévore des yeux
la nuque blonde*

Ton cou!

Je voudrais l'embrasser!...

ROXANE

Christian!

CHRISTIAN

Je t'aime!

ROXANE, *voulant se lever*

Encore!

CHRISTIAN, *vivement, la retenant*

Non, je ne t'aime pas!

ROXANE, *se rasseyant*

C'est heureux!

CHRISTIAN

Je t'adore!

ROXANE, *se levant et s'éloignant*

Oh!

CIIRISTIAN

Oui... je deviens sot!

ROXANE, *sèchement*

Et cela me déplaît!

1340   Comme il me déplairait que vous devinssiez laid.

CHRISTIAN

Mais...

ROXANE

Allez rassembler votre éloquence en fuite!

CHRISTIAN

Je...

ROXANE

Vous m'aimez, je sais. Adieu.

Elle va vers la maison.

CHRISTIAN

Pas tout de suite!

Je vous dirai...

ROXANE, *poussant la porte pour rentrer*

Que vous m'adorez... oui, je sais.

Non! non! Allez-vous-en!

CHRISTIAN

Mais je...

Elle lui ferme la porte au nez.

CYRANO, *qui depuis un moment est rentré sans être vu*

C'est un succès.

SCÈNE VI. CHRISTIAN, CYRANO, LES PAGES,

un instant.

CHRISTIAN

Au secours!   1345

CYRANO

Non, Monsieur.

CHRISTIAN

Je meurs si je ne rentre

En grâce à l'instant même...

CYRANO

Et comment puis-je, diantre!

Vous faire, à l'instant même, apprendre?...

CHRISTIAN, *lui saisissant le bras*

Oh! là, tiens, vois!

La fenêtre du balcon s'est éclairée.

CYRANO, *ému*

Sa fenêtre!

CHRISTIAN, *criant*

Je vais mourir!

CYRANO
Baissez la voix!

CHRISTIAN, *tout bas*

Mourir!...

CYRANO

La nuit est noire...

CHRISTIAN
Eh bien?

CYRANO
C'est réparable.

1350 Vous ne méritez pas... Mets-toi là, misérable!
Là, devant le balcon! Je me mettrai dessous...
Et je te soufflerai tes mots.

CHRISTIAN
Mais...

CYRANO
Taisez-vous!

LES PAGES, *reparaissant au fond, à Cyrano*

Hep!

CYRANO

Chut!...

Il leur fait signe de parler bas.

PREMIER PAGE, *à mi-voix*
Nous venons de donner la sérénade

À Montfleury!...

CYRANO, *bas, vite*
Allez vous mettre en embuscade,
1355 L'un à ce coin de rue, et l'autre à celui-ci;
Et si quelque passant gênant vient par ici,
Jouez un air!

DEUXIÈME PAGE
Quel air, Monsieur le gassendiste?

CYRANO
Joyeux pour une femme, et, pour un homme, triste!

Les pages disparaissent, un à chaque coin de rue.—À Christian.

Appelle-la!

CHRISTIAN
      Roxane!

CYRANO, *ramassant des cailloux qu'il jette dans les vitres*
      Attends! Quelques cailloux.

SCÈNE VII. ROXANE, CHRISTIAN, CYRANO,
d'abord caché sous le balcon.

ROXANE, *entrovrant sa fenêtre*
Qui donc m'appelle?   1360

                  CHRISTIAN
            Moi.

                        ROXANE
                  Qui, moi?

                        CHRISTIAN
                              Christian.

            ROXANE, *avec dédain*
                              C'est vous?

                        CHRISTIAN
Je voudrais vous parler.

      CYRANO, *sous le balcon à Christian*
            Bien. Bien. Presque à voix basse.

                  ROXANE
Non! Vous parlez trop mal. Allez-vous-en!

                  CHRISTIAN
                        De grâce!...

                  ROXANE
Non! vous ne m'aimez plus!

121

CHRISTIAN, *à qui Cyrano souffle ses mots*
M'accuser, — justes dieux! —
De n'aimer plus... quand... j'aime plus!

ROXANE, *qui allait refermer sa fenêtre s'arrêtant*
Tiens! mais c'est mieux!

CHRISTIAN, *même jeu*
1365   L'amour grandit bercé dans mon âme inquiète...
Que ce... cruel marmot prit pour... barcelonnette!

ROXANE, *s'avançant sur le balcon*
C'est mieux! — Mais, puisqu'il est cruel, vous fûtes sot
De ne pas, cet amour, l'étouffer au berceau!

CHRISTIAN, *même jeu*
Aussi l'ai-je tenté, mais... tentative nulle:
1370   Ce... nouveau-né, Madame, est un petit... Hercule.

ROXANE
C'est mieux!

CHRISTIAN, *même jeu*
De sorte qu'il... strangula comme rien...
Les deux serpents... Orgueil et... Doute.*

ROXANE, *s'accoudant au balcon*
Ah! c'est très bien!
— Mais pourquoi parlez-vous de façon peu hâtive?
Auriez-vous donc la goutte à l'imaginative?*

CYRANO, *tirant Christian sous le balcon et se glissant à sa place*
1375   Chut! Cela devient trop difficile!

ROXANE
Aujourd'hui...
Vos mots sont hésitants. Pourquoi?

CYRANO, *parlant à mi-voix, comme Christian*
C'est qu'il fait nuit,
Dans cette ombre, à tâtons, ils cherchent votre oreille.

ROXANE
Les miens n'éprouvent pas difficulté pareille.

CYRANO
Ils trouvent tout de suite? Oh! cela va de soi,

Puisque c'est dans mon cœur, eux, que je les reçoi;   1380
Or, moi, j'ai le cœur grand, vous, l'oreille petite.
D'ailleurs vos mots, à vous, descendent: ils vont vite,
Les miens montent, Madame: il leur faut plus de temps!

ROXANE
Mais ils montent bien mieux depuis quelques instants.

CYRANO
De cette gymnastique, ils ont pris l'habitude!   1385

ROXANE
Je vous parle, en effet, d'une vraie altitude!

CYRANO
Certe, et vous me tueriez si de cette hauteur
Vous me laissiez tomber un mot dur sur le cœur!

ROXANE, *avec un mouvement*

Je descends.

CYRANO, *vivement*

Non!

ROXANE, *lui montrant le banc qui est sous le balcon*
Grimpez sur le banc, alors, vite!

CYRANO, *reculant avec effroi dans la nuit*

Non!   1390

ROXANE
Comment... non?

CYRANO, *que l'émotion gagne de plus en plus*
Laissez un peu que l'on profite...
De cette occasion qui s'offre... de pouvoir
Se parler doucement sans se voir.

ROXANE
Sans se voir?

CYRANO
Mais oui, c'est adorable. On se devine à peine.
Vous voyez la noirceur d'un long manteau qui traîne
J'aperçois la blancheur d'une robe d'été: 1395
Moi je ne suis qu'une ombre, et vous qu'une clarté!
Vous ignorez pour moi ce que sont ces minutes!

Si quelquefois je fus éloquent...

ROXANE

Vous le fûtes!

CYRANO

Mon langage jamais jusqu'ici n'est sorti
1400   De mon vrai cœur...

ROXANE

Pourquoi?

CYRANO

Parce que ... jusqu'ici

Je parlais à travers...

ROXANE

Quoi?

CYRANO

... le vertige où tremble

Quiconque est sous vos yeux!... Mais, ce soir, il me semble...
Que je vais vous parler pour la première fois!

ROXANE

C'est vrai que vous avez une tout autre voix.

CYRANO, *se rapprochant avec fièvre*

1405   Oui, tout autre, car dans la nuit qui me protège
J'ose être enfin moi-même, et j'ose...

Il s'arrête et avec égarement.

Où en étais-je?

Je ne sais... tout ceci, — pardonnez mon émoi, —
C'est si délicieux... c'est si nouveau pour moi!

ROXANE

Si nouveau?

CYRANO, *bouleversé, et essayant toujours de rattraper ses mots*

Si nouveau... mais oui... d'être sincère:

1410   La peur d'être raillé, toujours au cœur me serre...

ROXANE

Raillé de quoi?

124

CYRANO

Mais de... d'un élan!... Oui, mon cœur,
Toujours, de mon esprit s'habille, par pudeur:
Je pars pour décrocher l'étoile, et je m'arrête,
Par peur du ridicule, à cueillir la fleurette!

ROXANE

La fleurette a du bon.   1415

CYRANO

Ce soir, dédaignons-la!

ROXANE

Vous ne m'aviez jamais parlé comme cela!

CYRANO

Ah! si, loin des carquois, des torches et des flèches,*
On se sauvait un peu vers des choses... plus fraîches!
Au lieu de boire goutte à goutte, en un mignon
Dé à coudre d'or fin, l'eau fade du Lignon*   1420
Si l'on tentait de voir comment l'âme s'abreuve
En buvant largement à même le grand fleuve!

ROXANE

Mais l'esprit?...

CYRANO

J'en ai fait pour vous faire rester
D'abord, mais maintenant ce serait insulter
Cette nuit, ces parfums, cette heure, la Nature   1425
Que de parler comme un billet doux de Voiture!*
— Laissons, d'un seul regard de ses astres, le ciel
Nous désarmer de tout notre artificiel:
Je crains tant que parmi notre alchimie exquise
Le vrai du sentiment ne se volatilise,   1430
Que l'âme ne se vide à ces passe-temps vains,
Et que le fin du fin ne soit la fin des fins!*

ROXANE

Mais l'esprit?...

CYRANO

Je le hais, dans l'amour! C'est un crime
Lorsqu'on aime, de trop prolonger cette escrime!
Le moment vient d'ailleurs inévitablement,   1435

— Et je plains ceux pour qui ne vient pas ce moment! —
Où nous sentons qu'en nous un amour noble existe
Que chaque joli mot que nous disons rend triste!

ROXANE

Eh bien! si ce moment est venu pour nous deux,
1440   Quels mots me direz-vous?

CYRANO

               Tous ceux, tous ceux, tous ceux
Qui me viendront, je vais vous les jeter, en touffe,
Sans les mettre en bouquets: je vous aime, j'étouffe,
Je t'aime, je suis fou, je n'en peux plus, c'est trop;
Ton nom est dans mon cœur comme dans un grelot,
1445   Et comme tout le temps, Roxane, je frissonne,
Tout le temps, le grelot s'agite, et le nom sonne!
De toi, je me souviens de tout, j'ai tout aimé:
Je sais que l'an dernier,* un jour, le douze mai,
Pour sortir le matin tu changeas de coiffure!
1450   J'ai tellement pris pour clarté ta chevelure
Que, comme lorsqu'on a trop fixé le soleil
On voit sur toute chose ensuite un rond vermeil,
Sur tout, quand j'ai quitté les feux dont tu m'inondes,
Mon regard ébloui pose des taches blondes!*

ROXANE, *d'une voix troublée*
1455   Oui, c'est bien de l'amour...

CYRANO

              Certes, ce sentiment
Qui m'envahit, terrible et jaloux, c'est vraiment
De l'amour, il en a toute la fureur triste!
De l'amour, — et pourtant il n'est pas égoïste!
Ah! que pour ton bonheur je donnerais le mien,
1460   Quand même tu devrais n'en savoir jamais rien,
S'il se pouvait, parfois, que de loin, j'entendisse
Rire un peu le bonheur né de mon sacrifice!
— Chaque regard de toi suscite une vertu
Nouvelle, une vaillance en moi! Commences-tu
1465   À comprendre, à présent? voyons, te rends-tu compte?
Sens-tu mon âme, un peu, dans cette ombre, qui monte?...
Oh! mais vraiment, ce soir, c'est trop beau, c'est trop doux!
Je vous dis tout cela, vous m'écoutez, moi, vous!
C'est trop! Dans mon espoir même le moins modeste,

126

Je n'ai jamais espéré tant! Il ne me reste   1470
Qu'à mourir maintenant! C est à cause des mots
Que je dis qu'elle tremble entre les bleus rameaux!
Car vous tremblez, comme une feuille entre les feuilles!
Car tu trembles! car j'ai senti, que tu le veuilles
Ou non, le tremblement adoré de ta main   1475
Descendre tout le long des branches du jasmin!

Il baise éperdument l'extrémité d'une branche pendante

ROXANE
Oui, je tremble, et je pleure, et je t'aime, et suis tienne!
Et tu m'as enivrée!

CYRANO
              Alors, que la mort vienne!
Cette ivresse, c'est moi, moi, qui l'ai su causer!
Je ne demande plus qu'une chose...   1480

CHRISTIAN, sous le balcon
                    Un baiser!

ROXANE, *se rejetant en arrière*
Hein?

CYRANO
Oh!

ROXANE
Vous demandez?

CYRANO
              Oui... je...

À *Christian, bas.*

                                        Tu vas trop vite.

CHRISTIAN
Puisqu'elle est si troublée, il faut que j'en profite!

CYRANO, *à Roxane*
Oui, je... j'ai demandé, c'est vrai... mais justes cieux!
Je comprends que je fus bien trop audacieux.

ROXANE, *un peu deçue*
1485 Vous n'insistez pas plus que cela?

CYRANO
Si! j'insiste...
Sans insister!... Oui, oui! votre pudeur s'attriste!
Eh bien, mais, ce baiser... ne me l'accordez pas!

CHRISTIAN, *à Cyrano, le tirant par son manteau*
Pourquoi?

CYRANO
Tais-toi, Christian!

ROXANE, *se penchant*
Que dites-vous tout bas?

CYRANO
Mais d'etre allé trop loin moi-même je me gronde;
1490 Je me disais: tais-toi, Christian!...

Les théorbes se ntettent à jouer.

Une seconde!...
On vient!

Roxane referme la fenêtre. Cyrano écoute les théorbes, dont l'un joue un air folâtre et l'autre un air lugubre.

Air triste? Air gai?... Quel est donc leur dessein?
Est-ce un homme? Une femme? — Ah! c'est un capucin!*

Entre un capucin qui va de maison en maison, une lanterne à la main, regardant les portes.

SCÈNE VIII. CYRANO, CHRISTIAN, UN CAPUCIN.

CYRANO, *au capucin*
Quel est ce jeu renouvelé de Diogène?*

LE CAPUCIN
Je cherche la maison de madame...

CHRISTIAN

Il nous gêne!

LE CAPUCIN

Magdeleine Robin...   1495

CHISTIAN

Que veut-il?...

CYRANO, *lui montrant une rue montante*

Par ici!

Tout droit, toujours tout droit...

LE CAPUCIN

Je vais pour vous — merci! —

Dire mon chapelet jusqu'au grain majuscule.*

Il sort.

CYRANO

Bonne chance! Mes vœux suivent votre cuculle !*

Il redescend vers Christian.

SCÈNE IX. CYRANO, CHRISTIAN.

CHRISTIAN

Obtiens-moi ce baiser!...

CYRANO

Non!

CHRISTIAN

Tôt ou tard...

CYRANO

C'est vrai!

Il viendra, ce moment de vertige enivré   1500

Où vos bouches iront l'une vers l'autre, à cause,

De ta moustache blonde et de sa lèvre rose!

À *lui-même.*

J'aime mieux que ce soit à cause de...

Bruit des volets qui se rouvrent, Christian se cache sous le balcon.

SCÈNE X. CYRANO, CHRISTIAN, ROXANE.

ROXANE, *s'avançant sur le balcon*
C'est vous?
Nous parlions de... de... d'un...

CYRANO
Baiser. Le mot est doux!
1505 Je ne vois pas pourquoi votre lèvre ne l'ose;
S'il la brûle déjà, que sera-ce la chose?
Ne vous en faites pas un épouvantement:
N'avez-vous pas tantot, presque insensiblement,
Quitté le badinage et glissé sans alarmes
1510 Du sourire au soupir, et du soupir aux larmes!
Glissez encore un peu d'insensible façon:
Des larmes au baiser il n'y a qu'un frisson!

ROXANE
Taisez-vous!

CYRANO
Un baiser, mais à tout prendre, qu'est-ce?
Un serment fait d'un peu plus près, une promesse
1515 Plus précise, un aveu qui veut se confirmer,
Un point rose qu'on met sur l'i du verbe aimer;
C'est un secret qui prend la bouche pour oreille,
Un instant d'infini qui fait un bruit d'abeille,
Une communion ayant un goût de fleur,
1520 Une façon d'un peu se respirer le cœur,
Et d'un peu se goûter, au bord des lèvres, l'âme!

ROXANE
Taisez-vous!

CYRANO
Un baiser, c'est si noble, Madame,
Que la reine de France, au plus heureux des lords,
En a laissé prendre un, la reine même!

ROXANE

Alors!

CYRANO, *s' exaltant*

J'eus comme Buckingham* des souffrances muettes,   1525
J'adore comme lui la reine que vous êtes,
Colmme lui je suis triste et fidèle...

ROXANE

Et tu es

Beau comme lui!

CYRANO, *à part, dégrisé*

C'est vrai, je suis beau, j'oubliais!

ROXANE

Eh bien! montez cueillir cette fleur sans pareille...

CYRANO, *poussant Christian vers le balcon*

Monte!   1530

ROXANE

Ce goût de cœur...

CYRANO

Monte!

ROXANE

Ce bruit d'abeille...

CYRANO

Monte!

CHRISTIAN, *hésitant*

Mais il me semble, à présent, que c'est mal!

ROXANE

Cet instant d'infini!...

CYRANO, *le poussant*

Monte donc, animal!

Christian s'élance, et par le banc, le feuillage, les piliers, atteint les
balustres qu'il enjambe.

CHRISTIAN

Ah, Roxane!...

Il l'enlace et se penche sur ses lèvres.

CYRANO
Aïe! au cœur, quel pincement bizarre!
— Baiser, festin d'amour dont je suis le Lazare!*
1535 Il me vient de cette ombre une miette de toi, —
Mais oui, je sens un peu mon cœur qui te reçoit,
Puisque sur cette lèvre où Roxane se leurre
Elle baise les mots que j'ai dits tout à l'heure!

On entend les théorbes.

Un air triste, un air gai: le capucin!

Il feint de courir comme s'il arrivait de loin, et d'une voix claire.

Holà!

ROXANE
1540 Qu'est-ce?

CYRANO
Moi. Je passais... Christian est encor là?

CHRISTIAN, *très étonné*
Tiens, Cyrano!

ROXANE
Bonjour, cousin!

CYRANO
Bonjour, cousine!

ROXANE
Je descends!

Elle disparaît dans la maison. Au fond rentre le capucin.

CHRISTIAN, *l'apercevant*
Oh! encor!

Il suit Roxane.

SCÈNE XI. CYRANO, CHRISTIAN, ROXANE, LE CAPUCIN, RAGUENEAU.

LE CAPUCIN

Magdeleine Robin!

C'est ici, — je m'obstine —

CYRANO

Vous aviez dit: Ro-*lin*.

LE CAPUCIN

Non: *Bin. B, i, n, bin!*

ROXANE, *paraissant sur le seuil de la maison, suivie de Ragueneau, qui porte une lanterne, et de Christian*

Qu'est-ce ?

LE CAPUCIN

Une lettre.

CHRISTIAN

Hein?

LE CAPUCIN, *à Roxane*

Oh! il ne peut s'agir que d'une sainte chose!   1545
C'est un digne seigneur qui...

ROXANE, *à Christian*

C'est de Guiche!

CHRISTIAN

Il ose?...

ROXANE

Oh! mais il ne va pas m'importuner toujours!

Décachetant la lettre.

Je t'aime, et si...

À la lueur de la lanterne de Ragueneau, elle lit, à l'écart, à voix basse:

«*Mademoiselle*,

133

                                       Les tambours
Battent; mon régiment boucle sa soubreveste;*
1550   *Il part; moi, l'on me croit déjà parti: je reste.*
Je vous désobéis. Je suis dans ce couvent.
Je vais venir, et vous le mande auparavant
Par un religieux simple comme une chèvre
Qui ne peut rien comprendre à ceci. Votre lèvre
1555   *M'a trop souri tantôt: j'ai voulu la revoir.*
Éloignez au chacun, et daignez recevoir
L'audacieux déjà pardonné, je l'espère,
Qui signe votre très... et cætera.»

Au capucin

                                       Mon Père,
Voici ce que me dit cette lettre. Écoutez.

Tous se rapprochent, elle lit à haute voix.

1560   *«Mademoiselle,*
                Il faut souscrire aux volontés
Du Cardinal, si dur que cela vous puisse être.
C'est la raison pourquoi j'ai fait choix, pour remettre
Ces lignes en vos mains charmantes, d'un très saint,
D'un très intelligent et discret capucin;
1565   *Nous voulons qu'il vous donne, et dans votre demeure,*
La bénédiction

Elle tourne la page.

                     nuptiale, sur l'heure.
Christian doit en secret devenir votre époux;
Je vous l'envoie. Il vous déplaît. Résignez-vous.
Songez bien que le ciel bénira votre zèle,
1570   *Et tenez pour tout assuré, Mademoiselle,*
Le respect de celui qui fut et qui sera
Toujours votre très humble et très... et cætera.»

                    LE CAPUCIN, *rayonnant*
Digne signeur!... Je l'avais dit. J'étais sans crainte!
Il ne pouvait s'agir que d'une chose sainte!

                    ROXANE, *bas à Christian.*
1575   N'est-ce pas que je lis très bien les lettres?

Acte III, scène 11

CHRISTIAN

Hum!

ROXANE, *haut, avec désespoir*

Ah!... c'est affreux!

LE CAPUCIN, *qui a dirigé sur Cyrano la clarté de sa lanterne*

C'est vous?

CHRISTIAN

C'est moi!

LE CAPUCIN, *tournant la lumière vers lui, et, comme si un doute lui venait, en voyant sa beauté*

Mais...

ROXANE, *vivement*

Post-scriptum:

«Donnez pour le couvent cent vingt pistoles.»

LE CAPUCIN

Digne,

Digne signeur!

À Roxane

Résignez-vous!

ROXANE, *en martyre*

Je me résigne!

Pendant que Ragueneau ouvre la porte au capucin que Christian invite à entrer, elle dit bas à Cyrano:

Vous retenez ici de Guiche! Il va venir!
Qu' il n'entre pas tant que...   1580

CYRANO

Compris!

Au capucin

Pour les bénir

Il vous faut?...

LE CAPUCIN

Un quart d'heure.

135

CYRANO, *les poussant tous vers la maison*
Allez! moi, je demeure!

Viens!

ROXANE, *à Christian*

Ils entrent.

SCÈNE XII. CYRANO, *seul.*

CYRANO
Comment faire perdre à de Guiche un quart d'heure?

Il se précipite sur le banc, grimpe au mur, vers le balcon.

Là!... Grimpons!... J'ai mon plan!

Les théorbes se mettent à jouer une phrase lugubre.

Ho! c'est un homme!

Le trémolo devient sinistre.

Ho! ho!
Cette fois, c'en est un!...

Il est sur le balcon, il rabaisse son feutre sur ses yeux, ôte son épée, se drape dans sa cape, puis se penche et regarde au-dehors.

Non, ce n'est pas trop haut!...

Il enjambe les balustres, et attirant à lui la longue branche d'un des arbres qui débordent le mur du jardin, il s'y accroche des deux mains, prêt à se laisser tombez.

1585   Je vais légèrement troubler cette atmosphère!

SCÈNE XIII. CYRANO, DE GUICHE.

DE GUICHE, *qui entre, masqué, tâtonnant dans la nuit*
Qu'est-ce que ce maudit capucin peut bien faire?

CYRANO

Diable! et ma voix?... S'il la reconnaissait?

Lâchant d'une main, il a l'air de tourner une invisible clef.

Cric! crac!

Solennellement.

Cyrano, reprenez l'accent de Bergerac!...

DE GUICHE, *regardant la maison*

Oui, c'est là. J'y vois mal. Ce masque m'importune!

Il va pour entrer. Cyrano saute du balcon en se tenant à la branche, qui plie et le dépose entre la porte et de Guiche; il feint de tomber lourdement, comme si c'était de très haut, et s'aplatit par terre, où il reste immobile, comme étourdi. De Guiche fait un bond en arrière.

Hein? quoi?   1590

Quand il lève les yeux, la branche s'est redressée; il ne voit que le ciel; il ne comprend pas.

D'où tombe donc cet homme?

CYRANO, *se mettant sur son séant, et avec l'accent de Gascogne*
De la lune!

DE GUICHE

De la?...

CYRANO, *d'une voix de rêve*
Qu'elle heure est-il?

DE GUICHE
N'a-t-il plus sa raison?

CYRANO

Quelle heure? Quel pays? Quel jour? Quelle saison?

DE GUICHE

Mais...

CYRANO

Je suis étourdi!

137

DE GUICHE

Monsieur...

CYRANO

Comme une bombe

Je tombe de la lune!

DE GUICHE, *impatienté*

Ah çà! Monsieur!

CYRANO, *se relevant, d'une voix terrible*

J'en tombe!

DE GUICHE, *reculant*

1595 Soit! soit! vous en tombez!... c'est peut-être un dément!

CYRANO, *marchant sur lui*

Et je n'en tombe pas métaphoriquement!...*

DE GUICHE

Mais...

CYRANO

Il y a cent ans, ou bien une minute,
— J'ignore tout à fait ce que dura ma chute! —
J'étais dans cette boule à couleur de safran!

DE GUICHE, *haussant les épaules*

1600 Oui... Laissez-moi passer!

CYRANO, *s'interposant*

Où suis-je? Soyez franc!

Ne me déguisez rien! En quel lieu, dans quel site,
Viens-je de choir, Monsieur, comme un aérolithe?*

DE GUICHE

Morbleu!...

CYRANO

Tout en cheyant je n'ai pu faire choix
De mon point d'arrivée, — et j'ignore où je chois!*
1605 Est-ce dans une lune ou bien dans une terre,
Que vient de m'entraîner le poids de mon postère?*

DE GUICHE

Mais je vous dis, Monsieur...

CYRANO, *avec un cri de terreur qui fait reculer de Guiche*
Ha! grand Dieu!... je crois voir
Qu'on a dans ce pays le visage tout noir!

DE GUICHE, *portant la main à son visage*
Comment?

CYRANO, *avec une peur emphatique*
Suis-je en Alger? Êtes-vous indigène?...

DE GUICHE, *qui a senti son masque*
Ce masque!...   1610

CYRANO, *feignant de se rassurer un peu*
Je suis donc dans Venise, ou dans Gêne?*

DE GUICHE, *voulant passer*
Une dame m'attend...

CYRANO, *complètement rassuré*
Je suis donc à Paris.

DE GUICHE, *souriant malgré lui*
Le drôle est assez drôle!

CYRANO
Ah! vous riez?

DE GUICHE
Je ris,
Mais veux passer!

CYRANO, *rayonnant*
C'est à Paris que je retombe!

Tout à fait à son aise, riant, s'époussetant, saluant.

J'arrive — excusez-moi! — par la dernière trombe.
Je suis un peu couvert d'éther. J'ai voyagé!   1615
J'ai les yeux tout remplis de poudre d'astres. J'ai
Aux éperons, encor, quelques poils de planète!

Cueillant quelque chose sur sa manche.

Tenez, sur mon pourpoint, un cheveu de comète!...

Il souffle comme pour le faire envoler.

DE GUICHE, *hors de lui*

Monsieur!...

CYRANO, *au moment où il va passer, tend sa jambe comme pour y
montrer quelque chose et l'arrête*

Dans mon mollet je rapporte une dent
1620 De la Grande Ourse, — et comme, en frôlant le Trident,*
Je voulais éviter une de ses trois lances,
Je suis allé tomber assis dans les Balances,* —
Dont l'aiguille, à présent, là-haut, marque mon poids!

*Empêchant vivement de Guiche de passer et le prenant à un bouton du
pourpoint.*

Si vous serriez mon nez, Monsieur, entre vos doigts,
1625 Il jaillirait du lait!

DE GUICHE
Hein? du lait?...

CYRANO
De la Voie
Lactée!

DE GUICHE
Oh! par l'enfer!

CYRANO
C'est le ciel qui m'envoie!

Se croisant les bras.

Non! croiriez-vous, je vien de le voir en tombant,
Que Sirius, la nuit, s'affuble d'un turban?

Confidentiel.

L'autre Ourse est trop petite encor pour qu'elle morde!

Riant.

1630 J'ai traversé la Lyre* en cassant une corde!

Superbe.

Mais je compte en un livre écrire tout ceci,*

Et les étoiles d'or qu'en mon manteau roussi
Je viens de rapporter à mes périls et risques,
Quand on l'imprimera, serviront d'astérisques!

DE GUICHE

À la parfin, je veux...*   1635

CYRANO

Vous, je vous voir venir!

DE GUICHE

Monsieur!

CYRANO

Vous voudriez de ma bouche tenir
Comment la lune est faite, et si quelqu'un habite
Dans la rotondité de cette cucurbite?*

DE GUICHE, *criant*

Mais non! Je veux...

CYRANO

Savoir comment j'y suis monté?
Ce fut par un moyen que j'avais inventé.   1640

DE GUICHE, *découragé*

C'est un fou!

CYRANO, *dédaigneux*

Je n'ai pas refait l'aigle stupide
De Regiomontanus, ni le pigeon timide
D'Archytas!...*

DE GUICHE

C'est un fou, — mais c'est un fou savant.

CYRANO

Non, je n'imitai rien de ce qu'on fit avant!

De Guiche a réussi à passer et il marche vers la porte de Roxane. Cyrano
le suit, prêt à l'empoigner.

J'inventai six moyens de violer l'azur vierge!*   1645

DE GUICHE, *se retournant*

Six?

CYRANO, *avec volubilité*
Je pouvais, mettant mon corps nu comme un cierge
Le caparaçonner de fioles de cristal
Toutes pleines des pleurs d'un ciel matutinal,
Et ma personne, alors, au soleil exposée,
1650 L'astre l'aurait humée en humant la rosée!*

DE GUICHE, *surpris et faisant un pas vers Cyrano*
Tiens! Oui, cela fait un!

CYRANO, *reculant pour l'entraîner de l'autre côté*
Et je pouvais encor
Faire engouffrer du vent, pour prendre mon essor
En raréfiant l'air dans un coffre de cèdre
Par des miroirs ardents, mis en icosaèdre!

DE GUICHE, *fait encore un pas*
1655 Deux!

CYRANO, *reculant toujours*
Ou bien, machiniste autant qu'artificier
Sur une sauterelle aux détentes d'acier
Me faire, par des feux successifs de salpêtre,
Lancer dans les prés bleus où les astres vont paître!*

DE GUICHE, *le suivant, sans s'en douter, et comptant sur ses doigts*
Trois!

CYRANO
Puisque la fumée a tendance à monter,
1660 En souffler dans un globe assez pour m'emporter!

DE GUICHE, *même jeu, de plus en plus étonné*
Quatre!

CYRANO
Puisque Phœbé, quand son arc est le moindre,
Aime sucer, ô bœufs, votre mœlle... m'en oindre!*

DE GUICHE, *stupéfait*
Cinq!

CYRANO, *qui en parlant l'a amené jusqu'à l'autre côté de la place,
près d'un banc*
Enfin, me plaçant sur un plateau de fer,
Prendre un morceau d'aimant et le lancer en l'air!

Ça, c'est un bon moyen: le fer se précipite,   1665
Aussitôt que l'aimant s'envole, à sa poursuite;*
On relance l'aimant bien vite, et cadédis!*
On peut monter ainsi indéfiniment.

DE GUICHE
Six!
Mais voilà six moyens excellents!... Quel système
Choisîtes-vous des six, Monsieur?   1670

CYRANO
Un septième!

DE GUICHE
Par exemple! Et lequel?

CYRANO
Je vous le donne en cent!*

DE GUICHE
C'est que ce mâtin-là devient intéressant!

CYRANO, *faisant le bruit des vagues avee de grands gestes mystérieux*
Houüh! houüh!

DE GUICHE
Eh bien!

CYRANO
Vous devinez?

DE GUICHE
Non!

CYRANO
La marée!...
À l'heure où l'onde par la lune est attirée,
Je me mis sur le sable — après un bain de mer —   1675
Et, la tête partant la première, mon cher,
— Car les cheveux, surtout, gardent l'eau dans leur frange! —
Je m'enlevai dans l'air, droit, tout droit, comme un ange.*
Je montais, je montais doucement, sans efforts,
Quand je sentis un choc!... Alors...   1680

DE GUICHE, *entrâine par la curiosité et s'asseyant sur le banc*
Alors?

143

CYRANO

Alors...

Reprenant sa voix naturelle.

Le quart d'heure est passé, Monsieur, je vous délivre:
Le mariage est fait.

Cette voix?

DE GUICHE, *se relevant d'un bond*
Çà, voyons, je suis ivre!...

*La porte de la maison s'ouvre, des laquais paraissent portant des
candélabres allumés. Lumière. Cyrano ôte son chapeau au bord abaissé.*

Et ce nez!... Cyrano?

CYRANO, *saluant*
Cyrano.
— Ils viennent à l'instant d'échanger leur anneau.

DE GUICHE
1685 Qui cela?

*Il se retourne. —Tableau. Derrière les laquais, Roxane et Christian se
tiennent par la main. Le capucin les suit en souriant. Ragueneau élève aussi
un flambeau. La duègne ferme la marche, ahurie, en petit saut-de-lit.**

Ciel!

SCÈNE XIV. LES MÊMES, ROXANE, CHRISTIAN, LE CAPUCIN, RAGUENEAU, LAQUAIS, LA DUÈGNE.

DE GUICHE, *à Roxane*
Vous!

Reconnaissant Christian avec stupeur.

Lui?

Saluant Roxane avec admiration.

144

Vous êtes des plus fines!

À Cyrano

Mes compliments, Monsieur l'inventeur de machines:
Votre récit eût fait s'arrêter au portail
Du paradis, un saint! Notez-en le détail,
Car vraiment cela peut resservir dans un livre!

CYRANO, *s'inclinant*

Monsieur, c'est un conseil que je m'engage à suivre.*   1690

LE CAPUCIN, *montrant les amants à de Guiche et hochant avec
satisfaction sa grande barbe blanche*

Un beau couple, mon fils, réuni là par vous!

DE GUICHE, *le regardant d'un œil glacé*

Oui.

À Roxane

Veuillez dire adieu, Madame, à votre epoux.

ROXANE

Comment?

DE GUICHE, *à Christian*

Le régiment déjà se met en route.

Joignez-le!

ROXANE

Pour aller à la guerre?

DE GUICHE

Sans doute!

ROXANE

Mais, monsieur, les cadets n'y vont pas!   1695

DE GUICHE

Ils iront.

Tirant le papier qu'il avait mis dans sa poche.

Voici l'ordre.

Cyrano de Bergerac

À Christian

> Courez le porter, vous, baron.

ROXANE, *se jetant dans le bras de Christian*

Christian!

DE GUICHE, *ricanant, à Cyrano*
La nuit de noce est encore lointaine!

CYRANO, *à part*
Dire qu'il croit me faire énormément de peine!*

CHRISTIAN, *à Roxane*
Oh! tes lèvres encor!

CYRANO
Allons, voyons, assez!

CHRISTIAN, *continuant à embrasser Roxane*
1700   C'est dur de la quitter... Tu ne sais pas...

CYRANO, *cherchant à l'entraîner*
Je sais.

On entend au loin des tambours qui battent une marche.

DE GUICHE, *qui est remonté au fond*
Le régiment qui part!

ROXANE, *à Cyrano, en retenant Christian qn'il essaie toujours d'entraîner*
Oh!... je vous le confie!
Promettez-moi que rien ne va mettre sa vie
En danger!

CYRANO
J'essaierai... mais ne peux cependant
Promettre...

ROXANE, *même jeu*
Promettez qu'il sera très prudent!

CYRANO
1705   Oui, je tâcherai, mais...

146

Acte III, scène 14

ROXANE, *même jeu*
Qu'à ce siège terrible

Il n'aura jamais froid!

CYRANO
Je ferai mon possible.

Mais...

ROXANE, *même jeu*
Qu'il sera fidèle!

CYRANO
Eh oui! sans doute, mais...

ROXANE, *même jeu*
Qu'il m'écrira souvent!

CYRANO, *s'arrêtant*
Ça, — je vous le promets!

RIDEAU

QUATRIÈME ACTE

Les Cadets de Gascogne

Le poste qu'occupe la compagnie de Carbon de Castel-Jaloux au siège d'Arras.

Au fond, talus traversant toute la scène. Au-delà s'aperçoit un horizon de plaine: le pays couvert de travaux de siège. Les murs d'Arras et la silhouette de ses toits sur le ciel, très loin. Tentes; armes éparses; tambours, etc. — Le jour va se lever. Jaune Orient.* — Sentinelles espacées. Feux.

Roulés dans leurs manteaux, les Cadets de Gascogne dorment. Carbon de Castel-Jaloux et Le Bret veillent. Ils sont très pâles et très maigris. Christian dort, parmi les autres, dans sa cape, au premier plan, le visage éclairé par un feu. Silence.

SCÈNE PREMIÈRE. CHRISTIAN, CARBON DE CASTEL-JALOUX, LE BRET, LES CADETS, *puis* CYRANO.

LE BRET

C'est affreux!

CARBON.

Oui, plus rien.

LE BRET
Mordious!

CARBON, *lui faisant signe de parler plus bas*

Jure en sourdine!*

1710   Tu vas les réveiller.

Aux cadets.

Chut! Dormez!

À *Le Bret.*

Qui dort dîne!*

LE BRET

Quand on a l'insomnie on trouve que c'est peu!
Quelle famine!

On entend au loin quelques corps de feu.

CARBON

Ah! maugrébis!* des coups de feu!...

Ils vont me réveiller mes enfants!

Aux cadets qui lèvent la tête.

Dormez!

On se recouche. Nouveaux coups de feu plus rapprochés.

UN CADET, *s'agitant*

Diantre!*

Encore?

CARBON

Ce n'est rien! C'est Cyrano qui rentre!

Les têtes qui s'étaient relevées se recouchent.

UNE SENTINELLE, *au-dehors*

Ventrebieu!* qui va là?   1715

LA VOIX DE CYRANO
Bergerac!

LA SENTINELLE, *qui est sur le talus*

Ventrebieu!

Qui va là?

CYRANO, *paraissant sur la crête*

Bergerac, imbécile!

Il descend. Le Bret va au-devant de lui, inquiet.

149

LE BRET

Ah! grand Dieu!

CYRANO, *lui faisant signe de ne réveiller personne*

Chut!

LE BRET

Blessé?

CYRANO

Tu sais bien qu'ils ont pris l'habitude
De me manquer tous les matins!

LE BRET

C'est un peu rude,
Pour porter une lettre, à chaque jour levant,
1720 De risquer...

CYRANO, *s'arrêtant devant Christian*
J'ai promis qu'il écrirait souvent!

Il le regarde.

Il dort. Il est pâli. Si la pauvre petite
Savait qu'il meurt de faim... Mais toujours beau!

LE BRET

Va vite
Dormir!

CYRANO
Ne grogne pas, Le Bret!... Sache ceci:
Pour traverser les rangs espagnols, j'ai choisi
1725 Un endroit où je sais, chaque nuit, qu'ils sont ivres.

LE BRET
Tu devrais bien un jour nous rapporter des vivres.

CYRANO
Il faut être léger pour passer! — Mais je sais
Qu'il y aura ce soir du nouveau. Les Français
Mangeront ou mourront, — si j'ai bien vu...

LE BRET

Raconte!

CYRANO

Non. Je ne suis pas sûr... vous verrez!...   1730

CARBON
                              Quelle honte,
Lorsqu'on est assiégeant, d'être affamé!

LE BRET
                                    Hélas!
Rien de plus compliqué que ce siège d'Arras:
Nous assiégeons Arras, — nous-mêmes, pris au piège,
Le cardinal infant d'Espagne* nous assiège...

CYRANO

Quelqu'un devrait venir l'assiéger à son tour.   1735

LE BRET

Je ne ris pas.

CYRANO

            Oh! oh!

LE BRET
                        Penser que chaque jour
Vous risquez une vie, ingrat, comme la vôtre,
Pour porter...

Le voyant qui se dirige vers une tente.

            Où vas-tu?

CYRANO
                        J'en vais écrire une autre.

Il soulève la toile et disparaît.

SCÈNE II. LES MÊMES, *moins* CYRANO.

Le jour s'est un peu levé. Lueurs roses. La ville d'Arras se dore à l'horizon. On entend un coup de canon immédiatement suivi d'une batterie de tambours, très au loin, vers la gauche. D'autres tambours battent plus près. Les batteries vont se répondant, et se rapprochant, éclatent presque en scène et s'éloignent vers la droite, parcourant le camp. Rumeurs de réveil. Voix lointaines d'officiers.

CARBON, *avec un soupir*

La diane!*... Hélas!

Les cadets s'agitent dans leurs manteaux, s'étirent.

Sommeil succulent, tu prends fin!...
1740 Je sais trop quel sera leur premier cri!

UN CADET, *se mettant sur son séant*
J'ai faim!

UN AUTRE

Je meurs!

TOUS

Oh!

CARBON

Levez-vous!

TROISIÈME CADET
Plus un pas!

QUATRIÈME CADET
Plus un geste!

LE PREMIER, *se regardant dans un morceau de cuirasse*
Ma langue est jaune: l'air du temps est indigeste!

UN AUTRE
Mon tortil de baron pour un peu de chester!*

UN AUTRE
Moi, si l'on ne veut pas fournir à mon gaster
1745 De quoi m'élaborer une pinte de chyle,*
Je me retire sous ma tente, — comme Achille!*

UN AUTRE

Oui, du pain!

CARBON, *allant à la tente où est entré Cyrano, à mi-voix*
Cyrano!

D'AUTRES
Nous mourons!

Acte IV, scène 3

CARBON, *toujours à mi-voix, à la porte de la tente*
Au secours!
Toi qui sais si gaiement leur répliquer toujours,
Viens les ragaillardir!

DEUXIÈME CADET, *se précipitant vers le premier qui*
mâchonne quelque chose
Qu'est-ce que tu grignotes?

LE PREMIER
De l'étoupe à canon que dans les bourguignotes*   1750
On fait frire en la graisse à graisser les moyeux.
Les environs d'Arras sont très peu giboyeux!*

UN AUTRE, *entrant*
Moi je viens de chasser!

UN AUTRE, *même jeu*
J'ai pêché dans la Scarpe!

TOUS, *debout, se ruant sur les deux nouveaux venus*
Quoi? — Que rapportez-vous? — Un faisan? — Une carpe?
— Vite, vite, montrez!   1755

LE PÈCHEUR
Un goujon!

LE CHASSEUR
Un moineau!

TOUS, *exaspérés*
Assez! — Révoltons-nous!

CARBON
Au secours, Cyrano!

Il fait maintenant tout à fait jour.

SCÈNE III. LES MÊMES, CYRANO.

CYRANO, *sortant de sa tente, tranquille, une plume à l'oreille,*
un livre à la main
Hein?

Silence. Au premier cadet.

153

Pourquoi t'en vas-tu, toi, de ce pas qui traîne?

LE CADET

J'ai quelque chose, dans les talons, qui me gêne!...

CYRANO

Et quoi donc?

LE CADET

L'estomac!*

CYRANO
Moi de même, pardi!

LE CADET

1760   Cela doit te gêner?

CYRANO
Non, cela me grandit.

DEUXIÈME CADET

J'ai les dents longues!

CYRANO
Tu n'en mordras que plus large.

UN TROISIÈME

Mon ventre sonne creux!

CYRANO
Nous y battrons la charge.

UN AUTRE

Dans les oreilles, moi, j'ai des bourdonnements.

CYRANO

Non, non; ventre affamé, pas d'oreilles: tu mens!*

UN AUTRE

1765   Oh! manger quelque chose, — à l'huile!

CYRANO, *le décoiffant et lui mettant son casque dans la main*
Ta salade.*

UN AUTRE

Qu'est-ce qu'on pourrait bien dévorer?

154

Acte IV, scène 3

CYRANO stage directions and dialogue.

Acte IV, scène 3

CYRANO, *lui jetant le livre qu'il tient à la main*
L'*Iliade.*

UN AUTRE
Le ministre, à Paris, fait ses quatre repas!

CYRANO
Il devrait t'envoyer du perdreau?

LE MÊME
Pourquoi pas?
Et du vin!

CYRANO
Richelieu, du bourgogne, *if you please?**

LE MÊME
Par quelque capucin!   1770

CYRANO
L'Éminence qui grise?*

UN AUTRE
J'ai des faims d'ogre!

CYRANO
Eh! bien!... tu croques le marmot!*

LE PREMIER CADET, *haussant les épaules*
Toujours le mot, la pointe!

CYRANO
Oui, la pointe,* le mot!
Et je voudrais mourir, un soir, sous un ciel rose,
En faisant un bon mot, pour une belle cause!
— Oh! frappé par la seule arme noble qui soit.   1775
Et par un ennemi qu'on sait digne de soi,
Sur un gazon de gloire et loin d'un lit de fièvres,
Tomber la pointe au cœur en même temps qu'aux lèvres!

CRIS DE TOUS
J'ai faim!

CYRANO, *se croisant les bras*
Ah çà! mais vous ne pensez qu'à manger?...
— Approche, Bertrandou le fifre, ancien berger;   1780
Du double étui de cuir tire l'un de tes fifres,

155

Cyrano de Bergerac

Souffle, et joue à ce tas de goinfres et de piffres
Ces vieux airs du pays, au doux rythme obsesseur,
Dont chaque note est comme une petite sœur,
1785 Dans lesquels restent pris des sons de voix aimées,
Ces airs dont la lenteur est celle des fumées
Que le hameau natal exhale de ses toits,
Ces airs dont la musique a l'air d'être en patois!...

Le vieux s'assied et prépare son fifre.

Que la flûte, aujourd'hui, guerrière qui s'afflige,
1790 Se souvienne un moment, pendant que sur sa tige
Tes doigts semblent danser un menuet d'oiseau,
Qu'avant d'être d'ébène, elle fut de roseau;*
Que sa chanson l'étonne, et qu'elle y reconnaisse
L'âme de sa rustique et paisible jeunesse!

Le vieux commence à jouer des airs languedociens.

1795 Écoutez, les Gascons... Ce n'est plus, sous ses doigts,
Le fifre aigu des camps, c'est la flûte des bois!
Ce n'est plus le sifflet du combat, sous ses lèvres,
C'est le lent galoubet* de nos meneurs de chèvres!...
Écoutez... C'est le val, la lande, la forêt,
1800 Le petit pâtre brun sous son rouge béret,
C'est la verte douceur des soirs sur la Dordogne,
Écoutez, les Gascons: c'est toute la Gascogne!

*Toutes les têtes se sont inclinées; — tous les yeux rêvent; —
et des larmes sont furtivement essuyées, avec un revers de
manche, un coin de manteau.*

CARBON, *à Cyrano, bas*
Mais tu les fais pleurer!

CYRANO
De nostalgie!... Un mal
Plus noble que la faim!... pas physique: moral!
1805 J'aime que leur souffrance ait changé de viscère,*
Et que ce soit leur cœur, maintenant, qui se serre!

CARBON
Tu vas les affaiblir en les attendrissant!

156

CYRANO, *qui a fait signe au tambour d'approcher*
Laisse donc! Les héros qu'ils portent dans leur sang
Sont vite réveillés! Il suffit...

Il fait un geste. Le tambour roule.

TOUS, *se levant et se précipitant sur leurs armes*
Hein?... Quoi?... Qu'est-ce?

CYRANO, *souriant*
Tu vois, il a suffi d'un roulement de caisse!   1810
Adieu, rêves, regrets, vieille province, amour...
Ce qui du fifre vient s'en va par le tambour!

UN CADET, *qui regarde au fond*
Ah! Ah! Voici monsieur de Guiche!

TOUS LES CADETS, *murmurant*
Hou...

CYRANO, *souriant*
                                              Murmure
Flatteur!

UN CADET
        Il nous ennuie!

UN AUTRE
                Avec, sur son armure,
Son grand col de dentelle, il vient faire le fier!   1815

UN AUTRE
Comme si l'on portait du linge sur du fer!

LE PREMIER
C'est bon lorsque à son cou l'on a quelque furoncle!

LE DEUXIÈME
Encore un courtisan!

UN AUTRE
                Le neveu de son oncle!

CARBON
C'est un Gascon pourtant!

LE PREMIER

Un faux!... Méfiez-vous!

1820 Parce que, les Gascons... ils doivent être fous:
Rien de plus dangereux qu'un Gascon raisonnable.*

LE BRET

Il est pâle!

UN AUTRE

Il a faim... autant qu'un pauvre diable!
Mais comme sa cuirasse a des clous de vermeil,
Sa crampe d'estomac étincelle au soleil!*

CYRANO, *vivement*

1825 N'ayons pas l'air non plus de souffrir! Vous, vos cartes,
Vos pipes et vos dés...

*Tous rapidement se mettent à jouer sur des tambours, sur des escabeaux et par terre, sur leurs manteaux, et ils allument de longues pipes de pétun.**

Et moi, je lis Descartes.*

Il se promène de long en large et lit dans un petit livre qu'il a tiré de sa poche. —Tableau. —De Guiche entre. Tout le monde a l'air absorbé et content. Il est très pâle. Il va vers Carbon.

SCÈNE IV. LES MÊMES, DE GUICHE.

DE GUICHE, *à Carbon*

Ah! — Bonjour!

Ils s'observent tous les deux. À part, avec satisfaction.

Il est vert.

CARBON, *de même*

Il n'a plus que les yeux.

DE GUICHE, *regardant les cadets*

Voici donc les mauvaises têtes?... Oui, Messieurs,
Il me revient de tous côtés qu'on me brocarde
1830 Chez vous, que les cadets, noblesse montagnarde,
Hobereaux béarnais,* barons périgourdins,

158

N'ont pour leur colonel pas assez de dédains,
M'appellent intrigant, courtisan, — qu'il les gêne
De voir sur ma cuirasse un col en point de Gêne, —
Et qu'ils ne cessent pas de s'indigner entre eux   1835
Qu'on puisse être Gascon et ne pas être gueux!

Silence. On joue. On fume.

Vous ferai-je punir par votre capitaine?
Non.

CARBON
D'ailleurs, je suis libre et n'inflige de peine...

DE GUICHE
Ah?

CARBON
J'ai payé ma compagnie, elle est à moi.
Je n'obéis qu'aux ordres de guerre.   1840

DE GUICHE
                                    Ah?... Ma foi!
Cela suffit.

S'adressant aux cadets.

                Je peux mépriser vos bravades.
On connaît ma façon d'aller aux mousquetades;
Hier, à Bapaume, on vit la furie avec quoi
J'ai fait lâcher le pied au comte de Bucquoi;
Ramenant sur ses gens les miens en avalanche,   1845
J'ai chargé par trois fois!

CYRANO, *sans lever le nez de son livre*
                        Et votre écharpe blanche?

DE GUICHE, *surpris et satisfait*
Vous savez ce détail?... En effet, il advint,
Durant que je faisais ma caraçole afin
De rassembler mes gens pour la troisième charge,
Qu'un remous de fuyards m'entraîna sur la marge   1850
Des ennemis; j'étais en danger qu'on me prît
Et qu'on m'arquebusât, quand j'eus le bon esprit
De dénouer et de laisser couler à terre

159

L'écharpe qui disait mon grade militaire;
1855 En sorte que je pus, sans attirer les yeux,
Quitter les Espagnols, et revenant sur eux,
Suivi de tous les miens réconfortés, les battre!
— Eh bien, que dites-vous de ce trait?*

Les cadets n'ont pas l'air d'écouter; mais ici les cartes et les cornets à dés restent en l'air, la fumée des pipes demeure dans les joues: attente.

CYRANO
Qu'Henri quatre
N'eût jamais consenti, le nombre l'accablant,
1860 À se diminuer de son panache blanc.*

Joie silencieuse. Les cartes s'abattent. Les dés tombent. La fumée s'échappe.

DE GUICHE
L'adresse a réussi, cependant!

Même attente suspendant les jeux et les pipes.

CYRANO
C'est possible.
Mais on n'abdique pas l'honneur d'être une cible.

Cartes, dés, fumées s'abattent, tombent, s'envolent avec une satisfaction croissante.

Si j'eusse été présent quand l'écharpe coula
— Nos courages, Monsieur, diffèrent en cela —
1865 Je l'aurais ramassée et me la serais mise.

DE GUICHE
Oui, vantardise, encor, de Gascon!

CYRANO
Vantardise?...
Prêtez-la-moi. Je m'offre à monter, dès ce soir,
À l'assaut, le premier, avec elle en sautoir.*

DE GUICHE
Offre encor de Gascon! Vous savez que l'écharpe
1870 Resta chez l'ennemi, sur les bords de la Scarpe,
En un lieu que depuis la mitraille cribla, —

Où nul ne peut aller la chercher!

CYRANO, *tirant de sa poche l'écharpe blanche et la lui tendant*
La voilà.

Silence. Les cadets étouffent leurs rires dans les cartes et dans les cornets à dés. De Guiche se retourne, les regarde: immédiatement ils reprennent leur gravité, leurs jeux; l'un d'eux sifflote avec indifférence l'air montagnard joué par le fifre.

DE GUICHE, *prenant l'écharpe*
Merci. Je vais, avec ce bout d'étoffe claire,
Pouvoir faire un signal, — que j'hésitais à faire.

Il va au talus, y grimpe, et agite plusieurs fois l'écharpe en l'air.

TOUS
Hein! 1875

LA SENTINELLE, *en haut du talus*
Cet homme, là-bas qui se sauve en courant!...

DE GUICHE, *redescendant*
C'est un faux espion espagnol. Il nous rend
De grands services. Les renseignements qu'il porte
Aux ennemis sont ceux que je lui donne, en sorte
Que l'on peut influer sur leurs décisions.

CYRANO
C'est un gredin! 1880

DE GUICHE, *se nouant nonchalamment son écharpe*
C'est très commode. Nous disions?...
— Ah!... J'allais vous apprendre un fait. Cette nuit même,
Pour nous ravitailler tentant un coup suprême,
Le maréchal s'en fut vers Dourlens,* sans tambours;
Les vivandiers du Roi sont là; par les labours*
Il les joindra; mais, pour revenir sans encombre, 1885
Il a pris avec lui des troupes en tel nombre.
Que l'on aurait beau jeu, certe, en nous attaquant:
La moitié de l'armée est absente du camp!

CARBON
Oui, si les Espagnols savaient, ce serait grave.
Mais ils ne savent pas ce départ? 1890

161

DE GUICHE

Ils le savent.

Ils vont nous attaquer.

CARBON

Ah!

DE GUICHE

Mon faux espion

M'est venu prévenir de leur agression.
Il ajouta: «J'en peux déterminer la place;
Sur quel point voulez-vous que l'attaque se fasse?
1895 Je dirai que de tous c'est le moins défendu,
Et l'effort portera sur lui.» — J'ai répondu:
«C'est bon. Sortez du camp. Suivez des yeux la ligne:
Ce sera sur le point d'où je vous ferai signe.»

CARBON, *aux cadets*

Messieurs, préparez-vous!

Tous se lèvent. Bruit d'épées et de ceinturons qu'on boucle.

DE GUICHE

C'est dans une heure.

PREMIER CADET

Ah!... bien!...

Il se rasseyent tous. On reprend la partie interrompue.

DE GUICHE, *à Carbon*

1900 Il faut gagner du temps. Le maréchal revient.

CARBON

Et pour gagner du temps?

DE GUICHE

Vous aurez l'obligeance

De vous faire tuer.

CYRANO

Ah! voilà la vengeance?

DE GUICHE

Je ne prétendrai pas que si je vous aimais
Je vous eusse choisis vous et les vôtres, mais,

162

Comme à votre bravoure on n'en compare aucune,   1905
C'est mon Roi que je sers en servant ma rancune.

CYRANO, *saluant*
Souffrez que je vous sois, Monsieur, reconnaissant.

DE GUICHE, *saluant*
Je sais que vous aimez vous battre un contre cent.
Vous ne vous plaindrez pas de manquer de besogne.

Il remonte, avec Carbon.

CYRANO, *aux cadets*
Eh bien donc! nous allons au blason de Gascogne,   1910
Qui porte six chevrons, messieurs, d'azur et d'or,
Joindre un chevron de sang qui lui manquait encor!

De Guiche cause bas avec Carbon de Castel-Jaloux, au fond.
On donne des ordres. La résistance se prépare. Cyrano va vers
Christian, qui est resté immobile, les bras croisés.

CYRANO, *lui mettant la main sur l'épaule*
Christian?

CHRISTIAN, *secouant la tête*
Roxane!

CYRANO
Hélas!

CHRISTIAN
Au moins, je voudrais mettre
Tout l'adieu de mon cœur dans une belle lettre!...

CYRANO
Je me doutais que ce serait pour aujourd'hui.   1915

Il tire un billet de son pourpoint.

Et j'ai fait tes adieux.

CHRISTIAN
Montre!...

CYRANO
Tu veux?...

163

CHRISTIAN, *lui prenant la lettre*

Mais oui!

Il l'ouvre, lit et s'arrete.

Tiens!...

CYRANO

Quoi?

CHRISTIAN

Ce petit rond?...

CYRANO, *reprenant la lettre vivement, et regardant d'un air naïf*

Un rond?...

CHRISTIAN

C'est une larme!

CYRANO

Oui... Poète, on se prend à son jeu, c'est le charme!...
Tu comprends... ce billet, — c'était très émouvant:
1920   Je me suis fait pleurer moi-même en l'écrivant.

CHRISTIAN

Pleurer?...

CYRANO

Oui... parce que... mourir n'est pas terrible.
Mais... ne plus la revoir jamais... voilà l'horrible!
Car enfin je ne la...

Christian le regarde.

nous ne la...

Vivement.

tu ne la...

CHRISTIAN, *lui arrachant la lettre*

Donne-moi ce billet!

On entend une rumeur, au loin, dans le camp.

LA VOIX D'UNE SENTINELLE.
Ventrebieu, qui va là?

Coups de feu. Bruits de voix. Grelots.

CARBON

Qu'est-ce?...   1925

LA SENTINELLE, *qui est sur le talus*
Un carrosse!

On se précipite pour voir.

CRIS
Quoi? Dans le camp? — Il y entre!
— Il a l'air de venir de chez l'ennemi! — Diantre!
Tirez! — Non! Le cocher a crié! — Crié quoi? —
Il a crié: Service du Roi!

*Tout le monde est sur le talus et regarde au-dehors. Les grelots
se rapprochent.*

DE GUICHE
Hein? Du Roi!...

On redescend, on s'aligne.

CARBON

Chapeau bas, tous!

DE GUICHE, *à la cantonade*
Du Roi! — Rangez-vous, vile tourbe,
Pour qu'il puisse décrire avec pompe sa courbe!   1930

*Le carrosse entre au grand trot. Il est couvert de boue et de poussière.
Les rideaux sont tirés. Deux laquais derrière. Il s'arrête net.*

CARBON, *criant*
Battez aux champs!

Roulement de tambours. Tous les cadets se découvrent.

DE GUICHE
Baissez le marchepied!

Deux hommes se précipitent. La portière s'ouvre.

165

ROXANE, *sautant du carrosse*
Bonjour!

Le son d'une voix de femme relève d'un seul coup tout ce monde profondément incliné. — *Stupeur.*

SCÈNE V. LES MÊMES, ROXANE.

DE GUICHE
Service du Roi! Vous?

ROXANE
Mais du seul roi, l'Amour!

CYRANO
Ah! grand Dieu!

CHRISTIAN, *s'élançant*
Vous! Pourquoi?

ROXANE
C'était trop long, ce siège!

CHRISTIAN
Pourquoi?...

ROXANE
Je te dirai!

CYRANO, *qui, au son de sa voix, est resté cloué immobile, sans oser tourner les yeux vers elle*
Dieu! La regarderai-je?

DE GUICHE
1935   Vous ne pouvez rester ici!

ROXANE, *gaiement*
Mais si! mais si!
Voulez-vous m'avancer un tambour?...

Elle s'assied sur un tambour qu'on avance.

Là, merci!

Elle rit.

On a tiré sur mon carrosse!

Fièrement.

Une patrouille!
— Il a l'air d'être fait avec une citrouille,
N'est-ce pas? comme dans le conte,* et les laquais
Avec des rats. 1940

Envoyant des lèvres un baiser à Christian.

Bonjour!

Les regardant tous.

Vous n'avez pas l'air gais!
— Savez-vous que c'est loin Arras?

Apercevant Cyrano.

Cousin, charmée!

CYRANO, *s'avançant*
Ah çà! comment?...

ROXANE
Comment j'ai retrouvé l'armée?
Oh! mon Dieu, mon ami, mais c'est tout simple: j'ai
Marché tant que j'ai vu le pays ravagé.
Ah! ces horreurs, il a fallu que je les visse 1945
Pour y croire! Messieurs, si c'est là le service
De votre Roi, le mien vaut mieux!

CYRANO
Voyons, c'est fou!
Par où diable avez-vous bien pu passer?

ROXANE
Par où?
Par chez les Espagnols.

PREMIER CADET
Ah! qu'Elles* sont malignes!

DE GUICHE

1950 Comment avez-vous fait pour traverser leurs lignes?

LE BRET

Cela dut être très difficile!...

ROXANE

Pas trop.
J'ai simplement passé dans mon carrosse, au trot.
Si quelque hidalgo montrait sa mine altière,
Je mettais mon plus beau sourire à la portière,
1955 Et ces messieurs étant, n'en déplaise aux Français,
Les plus galantes gens du monde, — je passais!

CARBON

Oui, c'est un passeport, certes, que ce sourire!
Mais on a fréquemment dû vous sommer de dire
Où vous alliez ainsi, Madame?

ROXANE

Fréquemment.
1960 Alors je répondais: «Je vais voir mon amant.»
— Aussitôt l'Espagnol à l'air le plus féroce
Refermait gravement la porte du carrosse,
D'un geste de la main à faire envie au Roi
Relevait les mousquets déjà braqués sur moi,
1965 Et superbe de grâce, à la fois, et de morgue,
L'ergot tendu sous la dentelle en tuyau d'orgue,*
Le feutre au vent pour que la plume palpitât,*
S'inclinait en disant: «Passez, señorita!»

CHRISTIAN

Mais, Roxane...

ROXANE

J'ai dit: mon amant, oui... pardonne!
1970 Tu comprends, si j'avais dit: mon mari, personne
Ne m'eût laissée passer!

CHRISTIAN

Mais...

ROXANE

Qu'avez-vous?

DE GUICHE

Il faut

Vous en aller d'ici!

ROXANE

Moi?

CYRANO

Bien vite!

LE BRET

Au plus tôt!

CHRISTIAN

Oui!

ROXANE

Mais comment?

CHRISTIAN, *embarrassé*
C'est que...

CYRANO, *de même*
Dans trois quarts d'heure...

DE GUICHE, *de même*

...ou quatre...

CARBON, *de même*

Il vaut mieux...

LE BRET, *de même*
Vous pourriez...

ROXANE
Je reste. On va se battre.

TOUS

1975

Oh! non!

ROXANE
C'est mon mari!

Elle se jette dans les bras de Christian.

Qu'on me tue avec toi!

CHRISTIAN

Mais quels yeux vous avez!

ROXANE

Je te dirai pourquoi!

DE GUICHE, *désespéré*

C'est un poste terrible!

ROXANE, *se retournant*

Hein! terrible?

CYRANO

Et la preuve

C'est qu'il nous l'a donné!

ROXANE, *à de Guiche*

Ah! vous me vouliez veuve?

DE GUICHE

Oh! je vous jure!..

ROXANE

Non! Je suis folle à présent!

1980   Et je ne m'en vais plus!... D'ailleurs, c'est amusant.

CYRANO

Eh quoi! la précieuse était une héroïne?

ROXANE

Monsieur de Bergerac, je suis votre cousine.

UN CADET

Nous vous défendrons bien!

ROXANE, *enfiévrée de plus en plus*

Je le crois, mes amis!

UN AUTRE, *avec enivrement*

Tout le camp sent l'iris!

ROXANE

Et j'ai justement mis

1985   Un chapeau qui fera très bien dans la bataille!...

Regardant de Guiche.

Mais peut-être est-il temps que le comte s'en aille:
On pourrait commencer.

DE GUICHE

Ah! c'en est trop! Je vais
Inspecter mes canons, et reviens... Vous avez
Le temps encor: changez d'avis!

ROXANE

Jamais!

De Guiche sort.

SCÈNE VI. LES MÊMES, *moins* DE GUICHE.

CHRISTIAN, *suppliant*

Roxane!...

ROXANE

Non!   1990

PREMIER CADET, *aux autres*

Elle reste!

TOUS, *se précipitant, se bousculant, s'astiquant*

Un peigne! — Un savon! — Ma basane*
Est trouée: une aiguille! — Un ruban! — Ton miroir! —
Mes manchettes! — Ton fer à moustache! — Un rasoir!

ROXANE, *à Cyrano qui la supplie encore*

Non! rien ne me fera bouger de cette place!

CARBON, *après s'être, comme les autres, sanglé, épousseté, avoir
brossé son chapeau, redressé sa plume et tiré ses manchettes, s'avance
vers Roxane, et cérémonieusement*

Peut-être siérait-il que je vous présentasse,
Puisqu'il en est ainsi, quelques de ces messieurs   1995
Qui vont avoir l'honneur de mourir sous vos yeux.

Roxane s'incline, et elle attend, debout au bras de Christian. Carbon présente:

Baron de Peyrescous de Colignac!

LE CADET, *saluant*
Madame...

CARBON, *continuant*
Baron de Casterac de Cahuzac. — Vidame
De Malgouyre Estressac Lésbas d'Escarabiot. —
2000   Chevalier d'Antignac-Juzet. — Baron Hillot*
De Blagnac-Saléchan de Castel-Crabioules...

ROXANE
Mais combien avez-vous de noms, chacun?

LE BARON HILLOT
Des foules!

CARBON, *à Roxane*
Ouvrez la main qui tient votre mouchoir.

ROXANE, *ouvre la main et le mouchoir tombe*
Pourquoi?

Toute la compagnie fait le mouvement de s'élancer pour le ramasser.

CARBON, *le ramassant vivement*
Ma compagnie était sans drapeau! Mais, ma foi,
2005   C'est le plus beau du camp qui flottera sur elle!

ROXANE, *souriant*
Il est un peu petit.

CARBON, *attachant le mouchoir à la hampe de sa lance de capitaine*
Mais il est en dentelle!

UN CADET, *aux autres*
Je mourrais sans regret, ayant vu ce minois,*
Si j'avais seulement dans le ventre une noix!...

CARBON, *qui l'a entendu, indigné*
Fi! parler de manger lorsqu'une exquise femme!...

ROXANE
2010   Mais l'air du camp est vif et, moi-même, m'affame:
Pâtés, chauds-froids,* vins fins: — mon menu, le voilà!
— Voulez-vous m'apporter tout cela?

Consternation.

UN CADET
Tout cela!

UN AUTRE
Où le prendrions-nous, grand Dieu?

ROXANE, *tranquillement*
Dans mon carrosse.

TOUS
Hein?...

ROXANE
Mais il faut qu'on serve, et découpe, et désosse!
Regardez mon cocher d'un peu plus près, messieurs,   2015
Et vous reconnaîtrez un homme précieux:
Chaque sauce sera, si l'on veut, réchauffée!

LES CADETS, *se ruant vers le carrosse*
C'est Ragueneau!

Acclamations.

Oh! Oh!

ROXANE, *les suivant des yeux*
Pauvres gens!

CYRANO, *lui baisant la main*
Bonne fée!

RAGUENEAU, *debout sur le siège comme un charlatan en*
place publique
Messieurs!...

Enthousiasme.

LES CADETS
Bravo! Bravo!

RAGUENEAU
Les Espagnols n'ont pas,
Quand passaient tant d'appas,* vu passer le repas!   2020

Applaudissements.

CYRANO, *bas à Christian*

Hum! hum! Christian!

RAGUENEAU

Distraits par la galanterie

Ils n'ont pas vu...

Il tire de son siège un plat qu'il élève.

la galantine!...*

Applaudissements. La galantine passe de mains en mains.

CYRANO, *bas à Christian*

Je t'en prie,

Un seul mot!...

RAGUENEAU

Et Vénus sut occuper leur œil
Pour que Diane, en secret, pût passer...

Il brandit un gigot.

son chevreuil!*

Enthousiasme. Le gigot est saisi par vingt mains tendues.

CYRANO, *bas à Christian*

2025   Je voudrais te parler!

ROXANE, *aux cadets qui redescendent, les bras chargés
de victuailles*

Posez cela par terre!

*Elle met le couvert sur l'herbe, aidée des deux laquais imperturbables
qui étaient derrière le carrosse.*

ROXANE, *à Christian, au moment où Cyrano allait
l'entraîner à part*

Vous, rendez-vous utile!

Christian vient l'aider. Mouvement d'inquiétude de Cyrano.

RAGUENEAU

Un paon truffé!

PREMIER CADET, *épanoui, qui descend en coupant une large tranche de jambon*

Tonnerre!
Nous n'aurons pas couru notre dernier hasard
Sans faire un gueuleton...

Se reprenant vivement en voyant Roxane.

pardon! un balthazar!*

RAGUENEAU, *lançant les coussins du carrosse*

Les coussins sont remplis d'ortolans!

Tumulte. On éventre les coussins. Rires. Joie.

TROISIÈME CADET

Ah! viédaze!*

RAGUENEAU, *lançant des flacons de vin rouge*

Des flacons de rubis!...

De vin blanc.

Des flacons de topaze!

ROXANE, *jetant une nappe pliée à la figure de Cyrano*

Défaites cette nappe!... Eh! hop! Soyez léger!

RAGUENEAU, *brandissant une lanterne arrachée*

Chaque lanterne est un petit garde-manger!

CYRANO, *bas à Christian, pendant qu'ils arrangent la nappe ensemble*

Il faut que je te parle avant que tu lui parles!

RAGUENEAU, *de plus en plus lyrique*

Le manche de mon fouet est un saucisson d'Arles!

ROXANE, *versant du vin, servant*

Puisqu'on nous fait tuer, morbleu! nous nous moquons
Du reste de l'armée! — Oui! tout pour les Gascons!
Et si de Guiche vient, personne ne l'invite!

Allant de l'un à l'autre.

Là, vous avez le temps. — Ne mangez pas si vite! —

Buvez un peu. — Pourquoi pleurez-vous?

PREMIER CADET

C'est trop bon!...

ROXANE

2040 Chut! — Rouge ou blanc? — Du pain pour monsieur de Carbon!
— Un couteau! — Votre assiette! — Un peu de croûte? Encore?
—Je vous sers! — Du bourgogne? — Une aile?

CYRANO, *qui la suit, les bras chargés de plats, l'aidant à servir*

Je l'adore!

ROXANE, *allant à Christian*

Vous?

CHRISTIAN

Rien.

ROXANE

Si! ce biscuit, dans du muscat... deux doigts!

CHRISTIAN, *essayant de la retenir*

Oh! dites-moi pourquoi vous vîntes?

ROXANE

Je me dois

2045 À ces malheureux... Chut! Tout à l'heure!...

LE BRET, *qui était remonté au fond, pour passer, au bout
d'une lance, un pain à la sentinelle du talus*

De Guiche!

CYRANO

Vite, cachez flacon, plat, terrine, bourriche!
Hop! — N'ayons l'air de rien!...

À Ragueneau.

Toi, remonte d'un bond

Sur ton siège! — Tout est caché?...

*En un clin d'œil tout a été repoussé dans les tentes, ou caché sous les
vêtements, sous les manteaux, dans les feutres. — De Guiche entre
vivement — et s'arrête, tout d'un coup, reniflant. — Silence.*

176

SCÈNE VII. LES MÊMES, DE GUICHE.

DE GUICHE
Cela sent bon.

UN CADET, *chantonnant d'un air détaché*
To lo lo!...

DE GUICHE, *s'arrêtant et le regardant*
Qu'avez-vous, vous?... Vous êtes tout rouge!

LE CADET
Moi?... Mais rien. C'est le sang. On va se battre: il bouge!   2050

UN AUTRE
Poum... poum... poum...

DE GUICHE, *se retournant*
Qu'est cela?

LE CADET, *légèrement gris*
Rien! C'est une chanson!
Une petite...

DE GUICHE
Vous êtes gai, mon garçon!

LE CADET
L'approche du danger!

DE GUICHE, *appelant Carbon de Castel-Jaloux, pour
donner un ordre*
Capitaine! je...

Il s'arrête en le voyant.

Peste!
Vous avez bonne mine aussi!

CARBON, *cramoisi, et cachant une bouteille derrière son dos,
avec un geste évasif*
Oh!...

DE GUICHE

Il me reste

2055 Un canon que j'ai fait porter...

Il montre un endroit dans la coulisse.

là, dans ce coin,

Et vos hommes pourront s'en servir au besoin.

UN CADET, *se dandinant*

Charmante attention!

UN AUTRE, *lui souriant gracieusement*

Douce sollicitude!

DE GUICHE

Ah çà! mais ils sont fous!

Sèchement.

N'ayant pas l'habitude

Du canon, prenez garde au recul.

LE PREMIER CADET

Ah! pfftt!

DE GUICHE, *allant à lui, furieux*

Mais!...

LE CADET

2060 Le canon des Gascons ne recule jamais!

DE GUICHE, *le prenant par le bras et le secouant*

Vous êtes gris!... De quoi?

LE CADET, *superbe*

De l'odeur de la poudre!

DE GUICHE, *haussant les épaules, le repousse et va
vivement à Roxane*

Vite, à quoi daignez-vous, Madame, vous résoudre?

ROXANE

Je reste!

DE GUICHE

Fuyez!

178

ROXANE

Non!

DE GUICHE

Puisqu'il en est ainsi,
Qu'on me donne un mousquet!

CARBON

Comment?

DE GUICHE

Je reste aussi.

CYRANO

Enfin, Monsieur! voilà de la bravoure pure!   2065

PREMIER CADET

Seriez-vous un Gascon malgré votre guipure?*

ROXANE

Quoi!...

DE GUICHE

Je ne quitte pas une femme en danger.

DEUXIÈME CADET, *au premier*

Dis donc! Je crois qu'on peut lui donner à manger!

Toutes les victuailles reparaissent comme par enchantement.

DE GUICHE, *dont les yeux s'allument*

Des vivres!

UN TROISIÈME CADET

Il en sort de sous toutes les vestes!

DE GUICHE, *se maîtrisant, avec hauteur*

Est-ce que vous croyez que je mange vos restes?   2070

CYRANO, *saluant*

Vous faites des progrès!

DE GUICHE, *fièrement, et à qui échappe sur le dernier mot une
légère pointe d'accent*

Je vais me battre à jeun!

PREMIER CADET, *exultant de joie*

À *jeung*! Il vient d'avoir l'accent!*

DE GUICHE, *riant*
Moi!

LE CADET
C'en est un!

Ils se mettent tous à danser.

CARBON DE CASTEL-JALOUX, *qui a disparu depuis un moment derrière le talus, reparaissant sur la crête*
J'ai rangé mes piquiers, leur troupe est résolue!

Il montre une ligne de piques qui dépasse la crête.

DE GUICHE, *à Roxane, en s'inclinant*
Acceptez-vous ma main pour passer leur revue?...

Elle la prend, ils remontent vers le talus. Tout le monde se découvre et les suit.

CHRISTIAN, *allant à Cyrano, vivement*
2075   Parle vite!

Au moment où Roxane paraît sur la crête, les lances disparaissent, abaissées pour le salut, un cri s'élève: elle s'incline.

LES PIQUIERS, *au-dehors*
Vivat!

CHRISTIAN
Quel était ce secret?

CYRANO
Dans le cas où Roxane...

CHRISTIAN
Eh bien?

CYRANO
Te parlerait
Des lettres?...

CHRISTIAN
Oui, je sais!...

CYRANO
Ne fais pas la sottise

De t'étonner...

CHRISTIAN

De quoi?

CYRANO

Il faut que je te dise!...
Oh! mon Dieu, c'est tout simple, et j'y pense aujourd'hui
En la voyant. Tu lui...   2080

CHRISTIAN

Parle vite!

CYRANO

Tu lui...
As écrit plus souvent que tu ne crois.

CHRISTIAN

Hein?

CYRANO

Dame!
Je m'en étais chargé: j'interprétais ta flamme!
J'écrivais quelquefois sans te dire: j'écris!

CHRISTIAN

Ah?

CYRANO

C'est tout simple!

CHRISTIAN

Mais comment t'y es-tu pris,
Depuis qu'on est bloqué, pour?...   2085

CYRANO

Oh!... avant l'aurore
Je pouvais traverser...

CHRISTIAN, *se croisant les bras*
Ah! c'est tout simple encore?
Et qu'ai-je écrit de fois par semaine?... Deux? — Trois?...
Quatre? —

CYRANO

Plus.

181

CHRISTIAN

Tous les jours?

CYRANO

Oui, tous les jours. — Deux fois.

CHRISTIAN, *violemment*

Et cela t'enivrait, et l'ivresse était telle

2090 Que tu bravais la mort...

CYRANO, *voyant Roxane qui revient*

Tais-toi! Pas devant elle!

Il rentre vivement dans sa tente.

SCÈNE VIII. ROXANE, CHRISTIAN; *au fond,* *allées et venues de* CADETS. CARBON *et* DE GUICHE *donnent des ordres.*

ROXANE, *courant à Christian*

Et maintenant, Christian!...

CHRISTIAN, *lui prenant les mains*

Et maintenant, dis-moi

Pourquoi, par ces chemins effroyables, pourquoi

À travers tous ces rangs de soudards et de reîtres,*

Tu m'as rejoint ici?

ROXANE

C'est à cause des lettres!

CHRISTIAN

2095 Tu dis?

ROXANE

Tant pis pour vous si je cours ces dangers!

Ce sont vos lettres qui m'ont grisée! Ah! songez

Combien depuis un mois vous m'en avez écrites,*

Et plus belles toujours!

CHRISTIAN

Quoi! pour quelques petites

Lettres d'amour...

ROXANE

Tais-toi!... Tu ne peux pas savoir!
Mon Dieu, je t'adorais, c'est vrai, depuis qu'un soir,   2100
D'une voix que je t'ignorais, sous ma fenêtre,
Ton âme commença de se faire connaître...
Eh bien! tes lettres, c'est, vois-tu, depuis un mois,
Comme si tout le temps, je l'entendais, ta voix
De ce soir-là, si tendre, et qui vous enveloppe!   2105
Tant pis pour toi, j'accours. La sage Pénélope
Ne fût pas demeurée à broder sous son toit,
Si le Seigneur Ulysse* eût écrit comme toi,
Mais pour le joindre, elle eût, aussi folle qu'Hélène,*
Envoyé promener ses pelotons de laine!...   2110

CHRISTIAN

Mais...

ROXANE

Je lisais, je relisais, je défaillais,
J'étais à toi. Chacun de ces petits feuillets
Était comme un pétale envolé de ton âme.
On sent, à chaque mot de ces lettres de flamme
L'amour puissant, sincère...   2115

CHRISTIAN
                               Ah! sincère et puissant?
Cela se sent, Roxane?...

ROXANE
                        Oh! si cela se sent!

CHRISTIAN

Et vous venez?...

ROXANE
                        Je viens (ô mon Christian, mon maître!
Vous me relèveriez si je voulais me mettre
À vos genoux, c'est donc mon âme que j'y mets,
Et vous ne pourrez plus la relever jamais!)   2120
Je viens te demander pardon (et c'est bien l'heure
De demander pardon, puisqu'il se peut qu'on meure!)
De t'avoir fait d'abord, dans ma frivolité,
L'insulte de t'aimer pour ta seule beauté!

CHRISTIAN, *avec épouvante*

2125   Ah! Roxane!

ROXANE

Et plus tard, mon ami, moins frivole,
— Oiseau qui saute avant tout à fait qu'il s'envole, —
Ta beauté m'arrêtant, ton âme m'entraînant,
Je t'aimais pour les deux ensemble!...

CHRISTIAN
Et maintenant?

ROXANE

Eh bien! toi-même enfin l'emporte sur toi-même,
2130   Et ce n'est plus que pour ton âme que je t'aime!

CHRISTIAN, *reculant*
Ah! Roxane!

ROXANE
Sois donc heureux. Car n'être aimé
Que pour ce dont on est un instant costumé,
Doit mettre un cœur avide et noble à la torture;
Mais ta chère pensée efface ta figure,
2135   Et la beauté par quoi tout d'abord tu me plus,
Maintenant j'y vois mieux... et je ne la vois plus!

CHRISTIAN
Oh!...

ROXANE
Tu doutes encor d'une telle victoire?...

CHRISTIAN, *douloureusement*
Roxane!

ROXANE
Je comprends, tu ne peux pas y croire,
À cet amour?...

CHRISTIAN
Je ne veux pas de cet amour!
2140   Moi, je veux être aimé plus simplement pour...

ROXANE
Pour

184

Ce qu'en vous elles ont aimé jusqu'à cette heure?
Laissez-vous donc aimer d'une façon meilleure!

CHRISTIAN

Non! c'était mieux avant!

ROXANE

Ah! tu n'y entends rien!
C'est maintenant que j'aime mieux, que j'aime bien!
C'est ce qui te fait toi, tu m'entends, que j'adore,   2145
Et moins brillant...

CHRISTIAN

Tais-toi!

ROXANE

Je t'aimerais encore!
Si toute ta beauté tout d'un coup s'envolait...

CHRISTIAN

Oh! ne dis pas cela!

ROXANE

Si! je le dis!

CHRISTIAN

Quoi? laid?

ROXANE

Laid! je le jure!

CHRISTIAN

Dieu!

ROXANE

Et ta joie est profonde?

CHRISTIAN, *d'une voix étouffée*

Oui...   2150

ROXANE

Qu'as-tu?

CHRISTIAN, *la repoussant doucement*
Rien. Deux mots à dire: une seconde.

ROXANE

Mais?...

CHRISTIAN, *lui montrant un groupe de cadets, au fond*
À ces pauvres gens mon amour t'enleva:
Va leur sourire un peu puisqu'ils vont mourir... va!

ROXANE, *attendrie*

Cher Christian!

Elle remonte vers les Gascons qui s'empressent respectueusement autour d'elle.

SCÈNE IX. CHRISTIAN, CYRANO; *au fond* ROXANE, *causant avec* CARBON et *quelques* CADETS.

CHRISTIAN, *appelant vers la tente de Cyrano*
Cyrano?

CYRANO, *reparaissant, armé pour la bataille*
Qu'est-ce? Te voilà blême!

CHRISTIAN

Elle ne m'aime plus!

CYRANO

Comment?

CHRISTIAN

C'est toi qu'elle aime!

CYRANO

2155   Non!

CHRISTIAN

Elle n'aime plus que mon âme!

CYRANO

Non!

CHRISTIAN

Si!
C'est donc bien toi qu'elle aime, — et tu l'aimes aussi!

CYRANO

Moi?

CHRISTIAN

Je le sais.

CYRANO

C'est vrai.

CHRISTIAN

Comme un fou.

CYRANO

Davantage.

CHRISTIAN

Dis-le-lui!

CYRANO

Non!

CHRISTIAN

Pourquoi?

CYRANO

Regarde mon visage!

CHRISTIAN

Elle m'aimerait laid!

CYRANO

Elle te l'a dit?

CHRISTIAN

Là!

CYRANO

Ah! je suis bien content qu'elle t'ait dit cela!   2160
Mais va, va, ne crois pas cette chose insensée!
— Mon Dieu, je suis content qu'elle ait eu la pensée
De la dire; — mais va, ne la prends pas au mot,
Va, ne deviens pas laid: elle m'en voudrait trop!

CHRISTIAN

C'est ce que je veux voir!   2165

CYRANO

Non! non!

CHRISTIAN

Qu'elle choisisse!

Tu vas lui dire tout!

CYRANO

Non, non! Pas ce supplice!

CHRISTIAN

Je tuerais ton bonheur parce que je suis beau?
C'est trop injuste!

CYRANO

Et moi, je mettrais au tombeau
Le tien parce que, grâce au hasard qui fait naître,
2170   J'ai le don d'exprimer... ce que tu sens peut-être?

CHRISTIAN

Dis-lui tout!

CYRANO

Il s'obstine à me tenter, c'est mal!

CHRISTIAN

Je suis las de porter en moi-même un rival!

CYRANO

Christian!

CHRISTIAN

Notre union — sans témoins — clandestine,
— Peut se rompre, — si nous survivons!

CYRANO

Il s'obstine!...

CHRISTIAN

2175   Oui, je veux être aimé moi-même, ou pas du tout!
— Je vais voir ce qu'on fait, tiens! Je vais jusqu'au bout
Du poste; je reviens: parle, et qu'elle préfère
L'un de nous deux!

CYRANO

Ce sera toi!

CHRISTIAN
Mais... je l'espère!

Il appelle.

Roxane!

CYRANO
Non! Non!

ROXANE, *accourant*
Quoi?

CHRISTIAN
Cyrano vous dira
Une chose importante...   2180

Elle va vivement à Cyrano. Christian sort.

SCÈNE X. ROXANE, CYRANO, *puis* LE BRET, CARBON DE CASTEL-JALOUX, LES CADETS, RAGUENEAU, DE GUICHE, *etc.*

ROXANE
Importante?

CYRANO, *éperdu*
Il s'en va!...

À Roxane.

Rien... Il attache, — oh! Dieu! vous devez le connaître! —
De l'importance à rien!

ROXANE, *vivement*
Il a douté peut-être
De ce que j'ai dit là?... J'ai vu qu'il a douté!...

CYRANO, *lui prenant la main*
Mais avez-vous bien dit, d'ailleurs, la vérité?

ROXANE
Oui, oui, je l'aimerais même...   2185

Elle hésite une seconde.

> CYRANO, *souriant tristement*
> Le mot vous gêne

Devant moi?

> ROXANE

Mais...

> CYRANO
> Il ne me fera pas de peine!

— Même laid?

> ROXANE
> Même laid!

Mousqueterie au-dehors.

> Ah! tiens, on a tiré!

> CYRANO, *ardemment*

Affreux?

> ROXANE

Affreux!

> CYRANO

Défiguré?

> ROXANE
> Défiguré!

> CYRANO

Grotesque?

> ROXANE
> Rien ne peut me le rendre grotesque!*

> CYRANO

2190   Vous l'aimeriez encore?

> ROXANE
> Et davantage presque!

> CYRANO, *perdant la tête, à part*
> Mon Dieu, c'est vrai, peut-être, et le bonheur est là.

À Roxane

Je... Roxane... écoutez!...

> LE BRET, *entrant rapidement, appelle à mi-voix*
> Cyrano!

> CYRANO, *se retournant*
> Hein?

> LE BRET
>   Chut!

Il lui dit un mot tout bas.

> CYRANO, *laissant échapper la main de Roxane, avec un cri*
>   Ah!...

> ROXANE

Qu'avez-vous?

> CYRANO, *à lui-même, avec stupeur*
> C'est fini.

Détonations nouvelles.

> ROXANE
> Quoi? Qu'est-ce encore? On tire?

Elle remonte pour regarder au-dehors.

> CYRANO
C'est fini, jamais plus je ne pourrai le dire!

> ROXANE, *voulant s'élancer*
Que se passe-t-il?   2195

> CYRANO, *vivement, l'arrêtant*
> Rien!

*Des cadets sont entrés, cachant quelque chose qu'ils portent,
et ils forment un groupe empêchant Roxane d'approcher.*

> ROXANE
> Ces hommes?

191

CYRANO, *l'éloignant*

Laissez-les!...

ROXANE

Mais qu'alliez-vous me dire avant?...

CYRANO

Ce que j'allais

Vous dire?... rien, oh! rien, je le jure, Madame!

Solennellement.

Je jure que l'esprit de Christian, que son âme
Étaient...

Se reprenant avec terreur.

sont les plus grands...

ROXANE
Étaient?

Avec un grand cri.

Ah!...

Elle se précipite et écarte tout le monde.

CYRANO

C'est fini!

ROXANE, *voyant Christian couché dans son manteau*

2200   Christian!

LE BRET, *à Cyrano*
Le premier coup de feu de l'ennemi!

Roxane se jette sur le corps de Christian. Nouveaux coups de feu. Cliquetis.
Rumeurs. Tambours.

CARBON DE CASTEL-JALOUX, *l'épée au poing*
C'est l'attaque! Aux mousquets!

Suivi des cadets, il passe de l'autre côté du talus.

ROXANE
Christian!

LA VOIX DE CARBON, *derrière le talus*
Qu'on se dépêche!

ROXANE
Christian!

CARBON
Alignez-vous!

ROXANE
Christian!

CARBON
*Mesurez... mèche!**

Ragueneau est accouru, apportant de l'eau dans un casque.

CHRISTIAN, *d'une voix mourante*
Roxane!...

CYRANO, *vite et bas à l'oreille de Christian, pendant que Roxane affolée trempe dans l'eau, pour le panser, un morceau de linge arraché à sa poitrine*
J'ai tout dit. C'est toi qu'elle aime encor!

Christian ferme les yeux.

ROXANE
Quoi, mon amour?

CARBON
*Baguette haute!**

ROXANE, *à Cyrano*
Il n'est pas mort?...

CARBON
*Ouvrez la charge avec les dents!** 2205

ROXANE
Je sens sa joue
Devenir froide, là, contre la mienne!

CARBON
En joue!

193

ROXANE

Une lettre sur lui!

Elle l'ouvre.

Pour moi!

CYRANO, *à part*
Ma lettre!

CARBON
Feu!

Mousqueterie. Cris. Bruit de bataille.

CYRANO, *voulant dégager sa main que tient Roxane agenouillée*
Mais, Roxane, on se bat!

ROXANE, *le retenant*
Restez encore un peu.
Il est mort. Vous étiez le seul à le connaître.

Elle pleure doucement.

2210 — N'est-ce pas que c'était un être exquis, un être
Merveilleux?

CYRANO, *debout, tête nue*
Oui, Roxane.

ROXANE
Un poète inouï,
Adorable?

CYRANO
Oui, Roxane.

ROXANE
Un esprit sublime?*

CYRANO
Oui,
Roxane!

ROXANE
Un cœur profond, inconnu du profane,

194

Une âme magnifique et charmante?

CYRANO, *fermement*

Oui, Roxane!

ROXANE, *se jetant sur le corps de Christian*

Il est mort!   2215

CYRANO, *à part, tirant l'épée*

Et je n'ai qu'à mourir aujourd'hui,

Puisque, sans le savoir, elle me pleure en lui!

Trompettes au loin.

DE GUICHE, *qui reparaît sur le talus, décoiffé, blessé au front,*
d'une voix tonnante

C'est le signal promis! Des fanfares de cuivres!
Les Français vont rentrer au camp avec des vivres!
Tenez encore un peu!

ROXANE

Sur sa lettre, du sang,

Des pleurs!   2220

UNE VOIX, *au-dehors, criant*

Rendez-vous!

VOIX DES CADETS

Non!

RAGUENEAU, *qui, grimpé sur son carrosse, regarde la bataille*
par-dessus le talus

Le péril va croissant!

CYRANO, *à de Guiche lui montrant Roxane*

Emportez-la! Je vais charger!

ROXANE, *baisant la lettre, d'une voix mourante*

Son sang! ses larmes!...

RAGUENEAU, *sautant à bas du carrosse pour courir vers elle*

Elle s'évanouit!

DE GUICHE, *sur le talus, aux cadets, avec rage*

Tenez bon!

UNE VOIX, *au-dehors*
Bas les armes!

VOIX DES CADETS
Non!

CYRANO, *à de Guiche*
Vous avez prouvé, Monsieur, votre valeur:

Lui montrant Roxane.

Fuyez en la sauvant!

DE GUICHE, *qui court à Roxane et l'enlève dans ses bras*
Soit! Mais on est vainqueur
2225   Si vous gagnez du temps!

CYRANO
C'est bon!

Criant vers Roxane que de Guiche, aidé de Ragueneau, emporte évanouie.

Adieu, Roxane!

Tumulte. Cris. Des cadets reparaissent blessés et viennent tomber en scène. Cyrano se précipitant au combat est arrêté sur la crête par Carbon de Castel-Jaloux, couvert de sang.

CARBON
Nous plions! J'ai reçu deux coups de pertuisane!*

CYRANO, *criant aux Gascons*
Hardi! Reculès pas, drollos!

À Carbon, qu'il soutient.

N'ayez pas peur!
J'ai deux morts à venger: Christian et mon bonheur!

Ils redescendent. Cyrano brandit la lance où est attaché le mouchoir de Roxane.

Flotte, petit drapeau de dentelle à son chiffre!

Il la plante en terre; il crie aux cadets.

2230   *Toumbé dèssus! Escrasas lous!* *

Au fifre.

Un air de fifre!

Le fifre joue. Des blessés se relèvent. Des cadets, dégringolant le talus,
viennent se grouper autour de Cyrano et du petit drapeau. Le carrosse
se couvre et se remplit d'hommes, se hérisse d'arquebuses,
se transforme en redoute.

UN CADET, *paraissant, à reculons, sur la crête, se battant toujours, crie*
Ils montent le talus!

et tombe mort.

CYRANO
On va les saluer!

Le talus se couronne en un instant d'une rangée terrible d'ennemis.
Les grands étendards des Impériaux se lèvent.

CYRANO

Feu!

Décharge générale.

CRI, *dans les rangs ennemis*

Feu!

Riposte meurtrière. Les cadets tombent de tous côtés.

UN OFFICIER ESPAGNOL, *se découvrant*
Quels sont ces gens qui se font tous tuer?

CYRANO, *récitant debout au milieu des balles*
Ce sont les cadets de Gascogne
De Carbon de Castel-Jaloux;
Bretteurs et menteurs sans vergogne...

2235

Il s'élance, suivi de quelques survivants.

Ce sont les cadets...

Le reste se perd dans la bataille.

RIDEAU

CINQUIÈME ACTE

La Gazette de Cyrano

Quinze ans après, en 1655. Le parc du couvent que les Dames de la Croix occupaient à Paris.*

Superbes ombrages. À gauche, la maison; vaste perron sur lequel ouvrent plusieurs portes. Un arbre énorme au milieu de la scène, isolé au milieu d'une petite place ovale. À droite, premier plan, parmi de grands buis, un banc de pierre demi-circulaire.

Tout le fond du théâtre est traversé par une allée de marronniers qui aboutit à droite, quatrième plan, à la porte d'une chapelle entrevue parmi les branches. À travers le double rideau d'arbres de cette allée, on aperçoit des fuites de pelouses, d'autres allées, des bosquets, les profondeurs du parc, le ciel.

La chapelle ouvre une porte latérale sur une colonnade enguirlandée de vigne rougie, qui vient se perdre à droite, au premier plan, derrière les buis.

C'est l'automne. Toute la frondaison est rousse au-dessus des pelouses fraîches. Taches sombres des buis et des ifs restés verts. Une plaque de feuilles jaunes sous chaque arbre. Les feuilles jonchent toute la scène, craquent sous les pas dans les allées, couvrent à demi le perron et les bancs.

Entre le banc de droite et l'arbre, un grand métier à broder devant lequel une petite chaise a été apportée. Paniers pleins d'écheveaux et de pelotons. Tapisserie commencée.

Au lever du rideau, des sœurs vont et viennent dans le parc; quelques-unes sont assises sur le banc autour d'une religieuse plus âgée. Des feuilles tombent.

SCÈNE PREMIÈRE. MÈRE MARGUERITE, SŒUR MARTHE, SŒUR CLAIRE, LES SŒURS.

SŒUR MARTHE, *à Mère Marguerite*
Sœur Claire a regardé deux fois comment allait
Sa cornette, devant la glace.

Acte V, scène 1

MÈRE MARGUERITE, *à sœur Claire*
C'est très laid.

SŒUR CLAIRE
Mais sœur Marthe a repris un pruneau de la tarte,
Ce matin: je l'ai vu.   2240

MÈRE MARGUERITE, *à sœur Marthe*
C'est très vilain, sœur Marthe.

SŒUR CLAIRE
Un tout petit regard!

SŒUR MARTHE
Un tout petit pruneau!

MÈRE MARGUERITE, *sévèrement*
Je le dirai, ce soir, à Monsieur Cyrano.

SŒUR CLAIRE, *épouvantée*
Non! il va se moquer!

SŒUR MARTHE
Il dira que les nonnes
Sont très coquettes!

SŒUR CLAIRE
Très gourmandes!

MÈRE MARGUERITE, *souriant*
Et très bonnes.

SŒUR CLAIRE
N'est-ce pas, Mère Marguerite de Jésus,   2245
Qu'il vient, le samedi, depuis dix ans?

MÈRE MARGUERITE
Et plus!
Depuis que sa cousine à nos béguins de toile
Mêla le deuil mondain de sa coiffe de voile,
Qui chez nous vint s'abattre, il y a quatorze ans,
Comme un grand oiseau noir parmi les oiseaux blancs!   2250

SŒUR MARTHE
Lui seul, depuis qu'elle a pris chambre dans ce cloître,
Sait distraire un chagrin qui ne veut pas décroître.

TOUTES LES SŒURS

Il est si drôle! — C'est amusant quand il vient!
— Il nous taquine! — Il est gentil! — Nous l'aimons bien!
2255   — Nous fabriquons pour lui des pâtes d'angélique!

SŒUR MARTHE

Mais, enfin, ce n'est pas un très bon catholique!

SŒUR CLAIRE

Nous le convertirons.

LES SŒURS

Oui! Oui!

MÈRE MARGUERITE

Je vous défends
De l'entreprendre encor sur ce point, mes enfants.
Ne le tourmentez pas: il viendrait moins peut-être!

SŒUR MARTHE

2260   Mais... Dieu!...

MÈRE MARGUERITE

Rassurez-vous: Dieu doit bien le connaître.

SŒUR MARTHE

Mais chaque samedi, quand il vient d'un air fier,
Il me dit en entrant: «Ma sœur, j'ai fait gras, hier!»*

MÈRE MARGUERITE

Ah! il vous dit cela?... Eh bien! la fois dernière,
Il n'avait pas mangé depuis deux jours.

SŒUR MARTHE

Ma Mère!

MÈRE MARGUERITE

2265   Il est pauvre.*

SŒUR MARTHE

Qui vous l'a dit?

MÈRE MARGUERITE.

Monsieur Le Bret.

SŒUR MARTHE

On ne le secourt pas?

Acte V, scène 2

MÈRE MARGUERITE
Non, il se fâcherait.

Dans une allée du fond, on voit apparaître Roxane, vêtue de noir, avec la coiffe des veuves et de longs voiles; de Guiche, magnifique et vieillissant, marche auprès d' elle. Ils vont à pas lents. Mère Marguerite se lève.

— Allons, il faut rentrer... Madame Madeleine,
Avec un visiteur, dans le parc se promène.

SŒUR MARCHE, *bas à sœur Claire*
C'est le duc-maréchal de Grammont?

SŒUR CLAIRE, *regardant*
Oui, je crois.

SŒUR MARTHE
Il n'était plus venu la voir depuis des mois!   2270

LES SŒURS
Il est très pris! — La Cour! — Les camps!

SŒUR CLAIRE
Les soins du monde!

Elles sortent. De Guiche et Roxane descendent en silence et s' arrêtent près du métier. Un temps.

SCÈNE II. ROXANE, LE DUC DE GRAMMONT,
ancien comte de Guiche, puis LE BRET *et*
RAGUENEAU.

LE DUC
Et vous demeurerez ici, vainement blonde,*
Toujours en deuil?

ROXANE
Toujours.

LE DUC
Aussi fidèle?

ROXANE
Aussi.

LE DUC, *après un temps*

Vous m'avez pardonné?

ROXANE, *simplement regardant la croix du couvent*
Puisque je suis ici.

Nouveau silence.

LE DUC

2275   Vraiment c'était un être?...

ROXANE
Il fallait le connaître!

LE DUC
Ah! Il fallait?... Je l'ai trop peu connu, peut-être!
... Et son dernier billet, sur votre cœur, toujours?

ROXANE
Comme un doux scapulaire,* il pend à ce velours.

LE DUC
Même mort, vous l'aimez?

ROXANE
Quelquefois il me semble
2280   Qu'il n'est mort qu'à demi, que nos cœurs sont ensemble,
Et que son amour flotte, autour de moi, vivant!

LE DUC, *après un silence encore*
Est-ce que Cyrano vient vous voir?

ROXANE
Oui, souvent.
— Ce vieil ami, pour moi, remplace les gazettes.
Il vient; c'est régulier; sous cet arbre où vous êtes
2285   On place son fauteuil s'il fait beau; je l'attends
En brodant; l'heure sonne; au dernier coup, j'entends
— Car je ne tourne plus même le front! — sa canne
Descendre le perron; il s'assied; il ricane
De ma tapisserie éternelle; il me fait
2290   La chronique de la semaine, et...

Le Bret paraît sur le perron.

Tiens, Le Bret!

Le Bret descend.

Comment va notre ami?

LE BRET
Mal.

LE DUC
Oh!

ROXANE, *au duc*
Il exagère!

LE BRET
Tout ce que j'ai prédit: l'abandon, la misère!...
Ses épîtres lui font des ennemis nouveaux!
Il attaque les faux nobles, les faux dévots,
Les faux braves, les plagiaires, — tout le monde.   2295

ROXANE
Mais son épée inspire une terreur profonde.
On ne viendra jamais à bout de lui.

LE DUC, *hochant la tête*
Qui sait?

LE BRET
Ce que je crains, ce n'est pas les attaques, c'est
La solitude, la famine, c'est Décembre
Entrant à pas de loups dans son obscure chambre: 2300
Voilà les spadassins* qui plutôt le tueront!
— Il serre chaque jour, d'un cran, son ceinturon.
Son pauvre nez a pris des tons de vieil ivoire.
Il n'a plus qu'un petit habit de serge noire.

LE DUC
Ah! celui-là n'est pas parvenu! — C'est égal,   2305
Ne le plaignez pas trop...

LE BRET, *avec un sourire amer*
Monsieur le maréchal!...

LE DUC
Ne le plaignez pas trop: il a vécu sans pactes,
Libre dans sa pensée autant que dans ses actes.

LE BRET, *de même*

Monsieur le duc!...

LE DUC, *hautainement*
Je sais, oui: j'ai tout; il n'a rien...
2310 Mais je lui serrerais bien volontiers la main.

Saluant Roxane.

Adieu.

ROXANE
Je vous conduis.

Le duc salue Le Bret et se dirige avec Roxane vers le perron.

LE DUC, *s'arrêtant, tandis qu'elle monte*
Oui, parfois, je l'envie.
— Voyez-vous, lorsqu'on a trop réussi sa vie,
On sent, — n'ayant rien fait, mon Dieu, de vraiment mal!
Mille petits dégoûts de soi, dont le total
2315 Ne fait pas un remords, mais une gêne obscure;
Et les manteaux de duc traînent, dans leur fourrure,
Pendant que des grandeurs on monte les degrés,
Un bruit d'illusions sèches et de regrets,
Comme, quand vous montez lentement vers ces portes,
2320 Votre robe de deuil traîne des feuilles mortes.

ROXANE, *ironique*
Vous voilà bien rêveur?...

LE DUC
Eh! oui!

Au moment de sortir, brusquement.

Monsieur Le Bret!

À Roxane

Vous permettez? Un mot.

Il va à Le Bret, et à mi-voix

C'est vrai: nul n'oserait

Attaquer votre ami; mais beaucoup l'ont en haine;
Et quelqu'un me disait, hier, au jeu, chez la Reine:
«Ce Cyrano pourrait mourir d'un accident. »   2325

                    LE BRET
Ah?

                    LE DUC
        Oui. Qu'il sorte peu. Qu'il soit prudent.

            LE BRET, *levant les bras au ciel*
                                    Prudent!
Il va venir. Je vais l'avertir. Oui, mais!...

        ROXANE, *qui est restée sur le perron, à une sœur qui*
                    s'avance vers elle
                                    Qu'est-ce?

                    LA SŒUR
Ragueneau veut vous voir, Madame.

                    ROXANE
                        Qu'on le laisse
Entrer.

Au duc et à Le Bret.

        Il vient crier misère. Étant un jour
Parti pour être auteur, il devint tour à tour   2330
Chantre...

                    LE BRET
        Étuviste...*

                    ROXANE
            Acteur...

                    LE BRET
                Bedeau...

                    ROXANE
                        Perruquier...

                    LE BRET
                            Maître.
De théorbe...

ROXANE

Aujourd'hui que pourra-t-il bien être?

RAGUENEAU, *entrant précipitamment*

Ah! Madame!

Il aperçoit Le Bret.

Monsieur!

ROXANE, *souriant*
Racontez vos malheurs

À Le Bret. Je reviens.

RAGUENEAU

Mais, Madame...

Roxane sort sans l'écouter, avec le duc. Il redescend vers Le Bret.

SCÈNE III. LE BRET, RAGUENEAU.

RAGUENEAU
D'ailleurs,

2335   Puisque vous êtes là, j'aime mieux qu'elle ignore!
— J'allais voir votre ami tantôt. J'étais encore
À vingt pas de chez lui... quand je le vois de loin,
Qui sort. Je veux le joindre. Il va tourner le coin
De la rue... et je cours... lorsque d'une fenêtre

2340   Sous laquelle il passait — est-ce un hasard?... peut-être!—
Un laquais laisse choir une pièce de bois.

LE BRET

Les lâches!... Cyrano!

RAGUENEAU
J'arrive et je le vois...

LE BRET

C'est affreux!

RAGUENEAU
Notre ami, Monsieur, notre poète,
Je le vois, là, par terre, un grand trou dans la tête!

LE BRET

Il est mort?   **2345**

RAGUENEAU

Non! mais... Dieu! je l'ai porté chez lui.
Dans sa chambre... Ah! sa chambre! il faut voir ce réduit!

LE BRET

Il souffre?

RAGUENEAU

Non, Monsieur, il est sans connaissance.

LE BRET

Un médecin?

RAGUENEAU

Il en vint un par complaisance.

LE BRET

Mon pauvre Cyrano! — Ne disons pas cela
Tout d'un coup à Roxane! — Et ce docteur?   **2350**

RAGUENEAU

Il a
Parlé, — je ne sais plus, — de fièvre, de méninges!...*
Ah! si vous le voyiez — la tête dans des linges!...
Courons vite! — Il n'y a personne à son chevet!
C'est qu'il pourrait mourir, Monsieur, s'il se levait!

LE BRET, *l'entraînant vers la droite*
Passons par là! Viens, c'est plus court! Par la chapelle!   **2355**

ROXANE, *paraissant sur le perron et voyant Le Bret s'éloigner par
la colonnade qui mène à la petite porte de la chapelle*
Monsieur Le Bret!

Le Bret et Ragueneau se sauvent sans répondre.

Le Bret s'en va quand on l'appelle?
C'est quelque histoire encor de ce bon Ragueneau!

Elle descend le perron.

SCÈNE IV. ROXANE *seule, puis* DEUX SŒURS,
un instant.

ROXANE
Ah! que ce dernier jour de septembre est donc beau!
Ma tristesse sourit. Elle qu'Avril offusque
2360 Se laisse décider par l'automne, moins brusque.

Elle s'assied à son métier. Deux sœurs sortent de la maison et apportent un grand fauteuil sous l'arbre.

Ah! voici le fauteuil classique où vient s'asseoir
Mon vieil ami!

SŒUR MARTHE
Mais c'est le meilleur du parloir!

ROXANE
Merci, ma sœur.

Les sœurs s'éloignent.

Il va venir.

Elle s'installe. On entend sonner l'heure.

Là... l'heure sonne.
— Mes écheveaux! — L'heure a sonné? Ceci m'étonne!
2365 Serait-il en retard pour la première fois?
La sœur tourière doit — mon dé?... là, je le vois! —
L'exhorter à la pénitence.

Un temps.

Elle l'exhorte!
—Il ne peut plus tarder. — Tiens! une feuille morte! —

Elle pousse du doigt la feuille tombée sur son métier.

D'ailleurs, rien ne pourrait...—Mes ciseaux?... dans mon sac!—
2370 L'empêcher de venir!

UNE SŒUR, *paraissant sur le perron*
Monsieur de Bergerac.

SCÈNE V. ROXANE, CYRANO et, *un moment*, SŒUR MARTHE.

ROXANE, *sans se retourner*
Qu'est-ce que je disais?...

Et elle brode. Cyrano, très pâle, le feutre enfoncé sur les yeux, paraît. La sœur qui l'a introduit rentre. Il se met à descendre le perron lentement, avec un effort visible pour se tenir debout, et en s'appuyant sur sa canne. Roxane travaille à sa tapisserie.

Ah! ces teintes fanées...
Comment les rassortir?

À Cyrano, sur un ton d'amicale gronderie.

Depuis quatorze années,
Pour la première fois, en retard!

CYRANO, *qui est parvenu au fauteuil et s'est assis, d'une voix gaie contrastant avec son visage*
Oui, c'est fou!
J'enrage. Je fus mis en retard, vertuchou!...

ROXANE
Par?...   2375

CYRANO
Par une visite assez inopportune.

ROXANE, *distraite, travaillant*
Ah! oui! quelque fâcheux?

CYRANO
Cousine, c'était une
Fâcheuse.*

ROXANE
Vous l'avez renvoyée?

Cyrano de Bergerac

CYRANO

Oui, j'ai dit:
Excusez-moi, mais c'est aujourd'hui samedi,
Jour où je dois me rendre en certaine demeure;
2380   Rien ne m'y fait manquer: repassez dans une heure!

ROXANE, *légèrement*

Eh bien! cette personne attendra pour vous voir:
Je ne vous laisse pas partir avant ce soir.

CYRANO, *avec douceur*

Peut-être un peu plus tôt faudra-t-il que je parte.

Il ferme les yeux et se tait un instant. Sœur Marthe traverse le parc de la chapelle au perron. Roxane l'aperçoit, lui fait un petit signe de tête.

ROXANE, *à Cyrano*

Vous ne taquinez pas sœur Marthe?

CYRANO, *vivement, ouvrant les yeux*

Si!

Avec une grosse voix comique

Sœur Marthe!
2385   Approchez!

La sœur glisse vers lui.

Ha! ha! ha! Beaux yeux toujours baissés!

SŒUR MARTHE, *levant les yeux en souriant*

Mais...

Elle voit sa figure et fait un geste d'étonnement

Oh!

CYRANO, *bas, lui montrant Roxane*

Chut! Ce n'est rien! —

D'une voit fanfaronne. Haut.

Hier, j'ai fait gras.

210

SŒUR MARTHE

Je sais.

À part.

C'est pour cela qu'il est si pâle!

Vite et bas.

Au réfectoire
Vous viendrez tout à l'heure, et je vous ferai boire
Un grand bol de bouillon... Vous viendrez?

CYRANO

Oui, oui, oui.

SŒUR MARTHE

Ah! vous êtes un peu raisonnable, aujourd'hui! 2390

ROXANE, *qui les entend chuchoter*
Elle essaie de vous convertir?

SŒUR MARTHE

Je m'en garde!

CYRANO

Tiens, c'est vrai! Vous toujours si saintement bavarde,
Vous ne me prêchez pas? C'est étonnant, ceci!...

Avec une fureur bouffonne.

Sabre de bois! Je veux vous étonner aussi!
Tenez, je vous permets... 2395

Il a l'air de chercher une bonne taquinerie, et de la trouver.

Ah! la chose est nouvelle?...
De... de prier pour moi, ce soir, à la chapelle.

ROXANE

Oh! oh!

CYRANO, *riant*
Sœur Marthe est dans la stupéfaction!

SŒUR MARTHE, *doucement*

Je n'ai pas attendu votre permission.

Elle rentre.

CYRANO, *revenant à Roxane, penchée sur son metier*

Du diable si je peux jamais, tapisserie,

2400 Voir ta fin!

ROXANE

J'attendais cette plaisanterie.

À ce moment, un peu de brise fait tomber les feuilles.

CYRANO

Les feuilles!

ROXANE, *levant la tête, et regardant au loin, dans les allées*

Elles sont d'un blond vénitien.

Regardez-les tomber.

CYRANO

Comme elles tombent bien!

Dans ce trajet si court de la branche à la terre

Comme elles savent mettre une beauté dernière

2405 Et, malgré leur terreur de pourrir sur le sol,

Veulent que cette chute ait la grâce d'un vol!

ROXANE

Mélancolique, vous?

CYRANO, *se reprenant*

Mais pas du tout, Roxane!

ROXANE

Allons, laissez tomber les feuilles de platane...

Et racontez un peu ce qu'il y a de neuf.

2410 Ma gazette?*

CYRANO

Voici!

ROXANE

Ah!

Acte V, scène 5

CYRANO, *de plus en plus pâle, et luttant contre la douleur*
Samedi, dix-neuf:
Ayant mangé huit fois du raisiné de Cette,*
Le Roi fut pris de fièvre; à deux coups de lancette
Son mal fut condamné pour lèse-majesté,*
Et cet auguste pouls n'a plus fébricité!
Au grand bal, chez la reine, on a brûlé, dimanche,   2415
Sept cent soixante-trois flambeaux de cire blanche;
Nos troupes ont battu, dit-on, Jean l'Autrichien;
On a pendu quatre sorciers; le petit chien
De madame d'Athis a dû prendre un clystère...*

ROXANE
Monsieur de Bergerac, voulez-vous bien vous taire!   2420

CYRANO
Lundi... rien. Lygdamire* a changé d'amant.

ROXANE
Oh!

CYRANO, *dont le visage s'altère de plus en plus*
Mardi, toute la cour est à Fontainebleau.
Mercredi, la Montglat dit au comte de Fiesque:
Non! Jeudi: Mancini, reine de France, — ou presque!
Le vingt-cinq, la Montglat à de Fiesque dit: Oui;   2425
Et samedi, vingt-six...

Il ferme les yeux. Sa tête tombe. Silence.

ROXANE, *surprise de ne plus rien entendre, se retourne, le regarde,*
et se levant effrayée
Il est évanoui?

Elle court vers lui en criant.

Cyrano!

CYRANO, *rouvrant les yeux, d'une voix vague*
Qu'est-ce?... Quoi?... Qu'...

Il voit Roxane penchée sur lui et, vivement, assurant son chapeau sur
sa tête et reculant avec effroi dans son fauteuil.

Non! non! je vous assure,

213

Ce n'est rien. Laissez-moi!

ROXANE

Pourtant...

CYRANO

C'est ma blessure

D'Arras... qui... quelquefois... vous savez...

ROXANE

Pauvre ami!

CYRANO

2430   Mais ce n'est rien. Cela va finir.

Il sourit avec effort.

C'est fini.

ROXANE, *debout près de lui*

Chacun de nous a sa blessure: j'ai la mienne.
Toujours vive, elle est là, cette blessure ancienne,

Elle met la main sur sa poitrine.

Elle est là, sous la lettre au papier jaunissant
Où l'on peut voir encor des larmes et du sang!

Le crépuscule commence à venir.

CYRANO

2435   Sa lettre!... N'aviez-vous pas dit qu'un jour, peut-être,
Vous me la feriez lire?

ROXANE

Ah! vous voulez?... Sa lettre?

CYRANO

Oui... Je veux... Aujourd'hui...

ROXANE, *lui donnant le sachet pendu à son cou*

Tenez!

CYRANO, *le prenant*

Je peux ouvrir?

Acte V, scène 5

ROXANE

Ouvrez... lisez!...

Elle revient à son métier, le replie, range ses laines.

CYRANO, *lisant*
«*Roxane, adieu, je vais mourir!...*»

ROXANE, *s'arrêtant, étonnée*
Tout haut?

CYRANO, *lisant*
«*C'est pour ce soir, je crois, ma bien-aimée!*
«*J'ai l'âme lourde encor d'amour inexprimée,*   2440
«*Et je meurs! jamais plus, jamais mes yeux grisés,*
«*Mes regards dont c'était...*»

ROXANE
                    Comme vous la lisez,
Sa lettre!

CYRANO, *continuant*
«*... dont c'était les frémissantes fêtes,*
«*Ne baiseront au vol les gestes que vous faites;*
«*J'en revois un petit qui vous est familier*   2445
«*Pour toucher votre front, et je voudrais crier...*»

ROXANE, *troublée*
Comme vous la lisez, — cette lettre!

La nuit vient insensiblement.

CYRANO
                    «*Et je crie:*
«*Adieu!...*»

ROXANE
            Vous la lisez...

CYRANO
                    «*Ma chère, ma chérie,*
«*Mon trésor...*»

ROXANE, *rêveuse*
                D'une voix...

215

CYRANO

«*Mon amour!...*»

ROXANE

D'une voix...

Elle tressaille.

2450   Mais... que je n'entends pas pour la première fois!

Elle s'approche tout doucement, sans qu'il s'en aperçoive, passe derrière le fauteuil, se penche sans bruit, regarde la lettre. — L'ombre augmente.

CYRANO

«*Mon cœur ne vous quitta jamais une seconde,*
«*Et je suis et serai jusque dans l'autre monde*
«*Celui qui vous aima sans mesure, celui...*»

ROXANE, *lui posant la main sur l'épaule*
Comment pouvez-vous lire à présent? Il fait nuit.

Il tressaille, se retourne, la voit là tout près, fait un geste d'effroi, baisse la tête. Un long silence. Puis, dans l'ombre complètement venue, elle dit avec lenteur, joignant les mains:

2455   Et pendant quatorze ans, il a joué ce rôle
D'être le vieil ami qui vient pour être drôle!

CYRANO

Roxane!

ROXANE

C'était vous.

CYRANO

Non, non, Roxane, non!

ROXANE

J'aurais dû deviner quand il disait mon nom!

CYRANO

Non! ce n'était pas moi!

ROXANE

C'était vous!

CYRANO

Je vous jure...

ROXANE

J'aperçois toute la généreuse imposture: 2460
Les lettres, c'était vous...

CYRANO

Non!

ROXANE

Les mots chers et fous,

C'était vous...

CYRANO

Non!

ROXANE

La voix dans la nuit, c'etait vous.

CYRANO

Je vous jure que non!

ROXANE

L'âme, c'était la vôtre!

CYRANO

Je ne vous aimais pas.

ROXANE

Vous m'aimiez!

CYRANO, *se débattant*

C'etait l'autre!

ROXANE

Vous m'aimiez!   2465

CYRANO, *d'une voix qui faiblit*
Non!

ROXANE

Déjà vous le dites plus bas!

CYRANO

Non, non, mon cher amour, je ne vous aimais pas!

ROXANE

Ah! que de choses qui sont mortes... qui sont nées!
— Pourquoi vous être tu pendant quatorze années,
Puisque sur cette lettre où, lui, n'était pour rien,
2470 Ces pleurs étaient de vous?

CYRANO, *lui tendant la lettre*
Ce sang était le sien.

ROXANE

Alors pourquoi laisser ce sublime silence
Se briser aujourd'hui?

CYRANO
Pourquoi?...

Le Bret et Ragueneau entrent en courant.

SCÈNE VI. LES MÊMES, LE BRET *et* RAGUENEAU.

LE BRET
Quelle imprudence!
Ah! j'en étais bien sûr! il est là!

CYRANO, *souriant et se redressant*
Tiens, parbleu!

LE BRET
Il s'est tué, Madame, en se levant!

ROXANE
Grand Dieu!
2475 Mais tout à l'heure alors... cette faiblesse?... cette?...

CYRANO

C'est vrai! je n'avais pas terminé ma gazette:
... Et samedi, vingt-six, une heure avant dîné,
Monsieur de Bergerac est mort assassiné.

Il se découvre; on voit sa tête entourée de linges.

ROXANE
Que dit-il? — Cyrano! — Sa tête enveloppée!...

Ah! que vous a-t-on fait? Pourquoi?   2480

CYRANO

                              «D'un coup d'épée,
Frappé par un héros, tomber la pointe au cœur!...»
— Oui, je disais cela!... Le destin est railleur!...
Et voilà que je suis tué dans une embûche,
Par-derrière, par un laquais, d'un coup de bûche!
C'est très bien. J'aurai tout manqué, même ma mort.   2485

RAGUENEAU

Ah! Monsieur!...

CYRANO

Ragueneau, ne pleure pas si fort!...

Il lui tend la main.

Qu'est-ce que tu deviens, maintenant, mon confrère?

RAGUENEAU, *à travers ses larmes*

Je suis moucheur de... de... chandelles, chez Molière.*

CYRANO

Molière!

RAGUENEAU

            Mais je veux le quitter, dès demain;
Oui, je suis indigné!... Hier, on jouait *Scapin*,   2490
Et j'ai vu qu'il vous a pris une scène!

LE BRET

                              Entière!*

RAGUENEAU

Oui, Monsieur, le fameux: «Que diable allait-il faire?...»

LE BRET, *furieux*

Molière te l'a pris!

CYRANO

                  Chut! chut! Il a bien fait!

À Ragueneau.

La scène, n'est-ce pas, produit beaucoup d'effet?

219

RAGUENEAU, *sanglotant*

2495   Ah! monsieur, on riait! on riait!

CYRANO

Oui, ma vie
Ce fut d'être celui qui souffle* — et qu'on oublie!
Vous souvient-il du soir où Christian vous parla
Sous le balcon? Eh bien! toute ma vie est là:
Pendant que je restais en bas, dans l'ombre noire,
2500   D'autres montaient cueillir le baiser de la gloire!
C'est justice, et j'approuve au seuil de mon tombeau:
Molière a du génie et Christian était beau!

*À ce moment, la cloche de la chapelle ayant tinté, on voit tout au fond,
dans l'allée, les religieuses se rendant à l'office.*

Qu'elles aillent prier puisque leur cloche sonne!

ROXANE, *se relevant pour appeler*
Ma sœur! ma sœur!

CYRANO, *la retenant*
Non! non! n'allez chercher personne!
2505   Quand vous reviendriez, je ne serais plus là.

Les religieuses sont entrées dans la chapelle, on entend l'orgue.

Il me manquait un peu d'harmonie... en voilà.

ROXANE
Je vous aime, vivez!

CYRANO
Non! car c'est dans le conte
Que lorsqu'on dit: Je t'aime! au prince plein de honte,
Il sent sa laideur fondre à ces mots de soleil...
2510   Mais tu t'apercevrais que je reste pareil.

ROXANE
J'ai fait votre malheur! moi! moi!

CYRANO
Vous?... au contraire!
J'ignorais la douceur féminine. Ma mère
Ne m'a pas trouvé beau. Je n'ai pas eu de sœur.
Plus tard, j'ai redouté l'amante à l'œil moqueur.

Je vous dois d'avoir eu, tout au moins, une amie.   2515
Grâce à vous une robe a passé dans ma vie.

> LE BRET, *lui montrant le clair de lune qui descend à travers*
> *les branches*

Ton autre amie est là, qui vient te voir!

> CYRANO, *souriant à la lune*
> Je vois.

> ROXANE

Je n'aimais qu'un seul être et je le perds deux fois!

> CYRANO

Le Bret, je vais monter dans la lune opaline,
Sans qu'il faille inventer, aujourd'hui, de machine.   2520

> ROXANE

Que dites-vous?

> CYRANO
> Mais oui, c'est là, je vous le dis,

Que l'on va m'envoyer faire mon paradis.
Plus d'une âme que j'aime y doit etre exilée,
Et je retrouverai Socrate et Galilée!*

> LE BRET, *se révoltant*

Non! non! C'est trop stupide à la fin, et c'est trop   2525
Injuste! Un tel poète! Un cœur si grand, si haut!
Mourir ainsi!... Mourir!...

> CYRANO
> Voilà Le Bret qui grogne!

> LE BRET, *fondant en larmes*

Mon cher ami...

> CYRANO, *se soulevant, l'œil égaré*
> Ce sont les cadets de Gascogne...

— La masse élémentaire...* Eh oui?... voilà le *hic*...*

> LE BRET

Sa science... dans son délire!   2530

> CYRANO
> Copernic*

A dit...

ROXANE

Oh!

CYRANO

Mais aussi que diable allait-il faire,
Mais que diable allait-il faire en cette galère?...

Philosophe, physicien,
Rimeur, bretteur, musicien,
2535   Et voyageur aérien,
Grand riposteur du tac au tac,*
Amant aussi — pas pour son bien! —
Ci-gît Hercule-Savinien
De Cyrano de Bergerac,
2540   Qui fut tout, et qui ne fut rien.

... Mais je m'en vais, pardon, je ne peux faire attendre:
Vous voyez, le rayon de lune vient me prendre!

*Il est retombé assis, les pleurs de Roxane le rappellent à la réalité,
il la regarde, et caressant ses voiles:*

Je ne veux pas que vous pleuriez moins ce charmant
Ce bon, ce beau Christian; mais je veux seulement
2545 Que lorsque le grand froid aura pris mes vertèbres,
Vous donniez un sens double à ces voiles funèbres,
Et que son deuil sur vous devienne un peu mon deuil.

ROXANE

Je vous jure!...

CYRANO, *est secoué d'un grand frisson et se lève brusquement*
Pas là! non! pas dans ce fauteuil!

On veut s'élancer vers lui.

— Ne me soutenez pas! Personne!

Il va s'adosser à l'arbre.

Rien que l'arbre!

Silence.

2550 Elle vient. Je me sens déjà botté de marbre,

— Ganté de plomb!

Il se raidit.

     Oh! mais!... puisqu'elle est en chemin,
Je l'attendrai debout,

Il tire l'épée.

     et l'épée à la main!

     LE BRET

Cyrano!

    ROXANE, *défaillante*
   Cyrano!

Tous reculent épouvantés.

     CYRANO
   Je crois qu'elle regarde...
Qu'elle ose regarder mon nez, cette Camarde!*

Il lève son épée.

Que dites-vous?... C'est inutile?... Je le sais!   2555
Mais on ne se bat pas dans l'espoir du succès!
Non! non, c'est bien plus beau lorsque c'est inutile!
— Qu'est-ce que c'est que tous ceux-là! — Vous êtes mille?
Ah! je vous reconnais, tous mes vieux ennemis!
Le Mensonge?   2560

Il frappe de son épée le vide.

    Tiens, tiens! — Ha! ha! les Compromis,
Les Préjugés, les Lâchetés!...

Il frappe.

     Que je pactise?
Jamais, jamais! — Ah! te voilà, toi, la Sottise!
— Je sais bien qu'à la fin vous me mettrez à bas;
N'importe: je me bats! je me bats! je me bats!

Il fait des moulinets immenses et s'arrête haletant.

2565   Oui, vous m'arrachez tout, le laurier et la rose!*
         Arrachez! Il y a malgré vous quelque chose
         Que j'emporte, et ce soir, quand j'entrerai chez Dieu
         Mon salut balaiera largement le seuil bleu,
         Quelque chose que sans un pli, sans une tache,
2570   J'emporte malgré vous,

Il s'élance l'épée haute.

et c'est...

L'épée s'échappe de ses mains, il chancelle, tombe dans les bras de Le Bret et de Ragueneau.

ROXANE, *se penchant sur lui et lui baisant le front*
C'est?...

CYRANO, *rouvre les yeux, la reconnaît et dit en souriant*
Mon panache.

RIDEAU

NOTES

Bracketed references such as (V.iv) are to act and scene numbers of *Cyrano de Bergerac* and other well-known plays.

Act One

L'Hôtel de Bourgogne: the major theatrical venue of the early part of the 17th century. A theatre was built in 1548 in what before demolition had been the town-house of the dukes of Burgundy, in the Halles area where the rue Étienne-Marcel now runs, and first occupied by the Confrères de la Passion. In 1628, a royal decree, sponsored by Cardinal Richelieu, granted its exclusive use to the Comédiens du roi, and thanks to royal emoluments and the advantage of being considered to be the 'Grands Comédiens', they were the pre-eminent Paris players until 1680, when they were absorbed into the Comédie-Française, created at its current location by the Palais-Royal. The Hôtel de Bourgogne was then allocated to, *inter alia,* the Italian players (1680-1697; 1716-1719), and finally closed its doors in 1783. Rival companies included Molière's, that after years spent touring in the provinces came to Paris in 1659 (it was from it that Racine switched his tragedy *Alexandre le Grand* to the Hôtel de Bourgogne), and the one that began, in 1634, to perform at a former *jeu de paume* (see next note) in the Marais district.

jeu de paume: indoor, real tennis courts were available for conversion to theatrical use, as the game's popularity was on the wane. Since the Hôtel de Bourgogne theatre, on a cleared site, appears to have been purpose-built, the location as described is more similar to that of the Marais players' theatre, and even more like the premises of the Illustre Théâtre, where Molière began in 1645, built on the former Croix-Blanche courts in the faubourg Saint-Germain.

le manteau d'Arlequin: decorative flats set at each side of the stage, with a horizontal cross-piece running between them simulating drapes, and visible when the main curtain rises.

3 Je suis mousquetaire: many excuses were made to avoid paying the entrance charge – which for standing spectators was 5 sous in 1609, and 15 sous in 1652, but for the galleries had increased from

225

15 to 110! – and satirized in Cyrano's *Le Pédant joué* (V.iv).

4 On ne commence qu'à deux heures. **Le parterre:** entry was normally from 1 p.m. for a 2 p.m. performance, and it was bad form to arrive too soon. The *parterre* was the standing area at floor level of the theatre, where the orchestra pit would now be, and offered the cheapest places to those whom Hamlet, in his speech to the players, calls the 'groundlings' (III.ii).

5 Pst... Flanquin...: a surname or nickname, it would seem. *Flanqueur,* from the Old French *flancor* and *hlanka, is a sobriquet that denotes 'un homme aux flancs larges', hence perhaps: 'Hey, Tubs / Lofty, over here...'.

7 luminaire: any apparatus that provides light, though a candle may be considered a little basic. Perhaps word-play, since *numéraire* (cash) might be expected after the verb *soustraire.*

bretteurs: fencers. The word (if not necessarily here) often implies a swashbuckling style.

11 brelan d'as: three aces.

16 Rotrou: Jean Rotrou (1609-1650) was a prolific author of comedies, tragi-comedies (e.g. *Venceslas,* 1647) and tragedies. He is credited (*Hercule mourant*) along with Mairet (*Sophonisbe*) with one of the first two regular neo-Classical tragedies, both performed in 1634.

16 Corneille: Pierre Corneille (1606-1684). The enormously successful première of his *Le Cid,* acted by the Marais company, took place in the last days of 1636 or early January 1637.

Tra la la la la la la la la la la lère: This throwaway line is of twelve syllables, but does not rhyme with the next and is hence omitted from our count. However, as Anthony Burgess points out, the tuning-up of the orchestra violins (1. 46: 'La... la...') fits in with the rhyme scheme!

19 quelque perruque: perhaps evocative of the first night of Hugo's *Hernani,* when *perruques* referred metonymically to the fuddy-duddy, reactionary devotees of Classicism. The secret password of the iconoclastic *Jeunes-France* that night was said to be '*Hierro!* [Spanish for *iron*] Mort aux perruques!'

UN TIRE-LAINE: *stricto sensu,* a thief operating by night who stole coats, but here, the sense of 'pickpocket'.

20 Or çà: exhortation of encouragement appropriate to a pep-talk: 'Now listen'.

21 vous volez pour la première fois: it's your first outing. An obvious pun, *voler* meaning to fly or to steal.

22 sarbacanes: pea shooters.

24 Baro: Balthazar Baro (1600-1650) was secretary to Honoré d'Urfé, and composed the fifth part of *L'Astrée* (1627) from the deceased's notes. He was the author of a number of plays, written from 1630 to 1650. *La Clorise*, first performed in 1630, was adapted from a story in *L'Astrée*. 'Chloris' (II.x, l. 1152), to whom every budding poet has composed verse epistles, is another archetypal pastoral female.

25 canons: refers to an 'ornement de toile, fort large, et souvent orné de dentelle qu'on attache au-dessous du genou' (Furetière, *Dictionnaire universel*).

28 Montfleury: Zacharie Jacob (1600-1667), who entered the Hôtel de Bourgogne in 1635, used this as his stage name. Cyrano, irritated that he declined a part in *Le Pédant joué*, aimed at him the satirical *Contre un gros homme;* the one-month ban he pronounced is attested by contemporary writers, though occurring much later than 1640. Montfleury is said to have died as a result of his histrionics in the part of Oreste, in Racine's *Andromaque*.

29 Bellerose, l'Epy, la Beaupré, Jodelet: Pierre Le Messier (c. 1592-1670), known professionally as Bellerose, was at the Hôtel de Bourgogne from 1625 to 1643, rising to become principal actor and 'l'orateur de la troupe', as he is referred to later (l. 236). The two Bedeau brothers, with the stage name of Lepy or L'Epy, were mainly associated with the Marais company, but also acted at the Hôtel de Bourgogne from the mid-1630s to 1659, when they joined Molière's company, as did the actress La Beaupré. Julien Joffroy de l'Epy (c. 1590-1660), who had begun in 1610 by playing manservant roles, had yet another alias: when in 1659 he began with Molière by playing the farcical role of the vicomte de Jodelet in *Les Précieuses ridicules*, he reincarnated the near-*commedia dell'arte* type portrayal that was his particular forte. This can be seen from earlier vehicles created for this ugly but talented comic: Scarron's *Jodelet ou le maître valet* (1645), to be followed by his *Jodelet duelliste* (1646), an obvious attempt to cash in on this success; plays by other authors, such as Gillet's *Le Campagnard*; and other eponymous entertainments – *Jodelet astrologue; Jodelet triomphant* (Thomas Corneille?) – of uncertain attribution.

31 aigre de cèdre: the juice of the *cédrat*, a kind of lemon.

35 Cuigy! Brissaille!: both devoted friends of Cyrano. Cuigy was an officer in the regiment of Guards, mentioned in Le Bret's biographical essay as having tried to obtain for him the protection of the maréchal de Gassion (see l. 877). He is mentioned in the first sentence of the *États et empires de la lune* as having wined and dined his friends in his country house situated at Clamart, near Paris. Hector de Brissaille, 'Le vaillant Brissailles, enseigne des gendarmes de son altesse royale', according to Le Bret's biographical account, served the prince de Conti, and was a man with literary leanings.

39 Lignière!: 'M. de Lignières, dont les productions sont les effets d'un parfaitement beau feu', according to Le Bret, but the 'idiot de Senlis' to Boileau, was François Payot de Lignières (1616-1704), a satirical poet whose lapse into alcoholism ('pas encore gris': still sober) may have occurred somewhat later than this date.

40 Baron de Neuvillette: Christophe de Champagne, baron de Neuvillette, who was killed in battle at Arras in 1640, and whose widow, *née* Madeleine Robineau, whom he had married in 1635, looked after the dying Cyrano.

46-9 La présidente Aubry! [...] **Mesdames de Guéméné... de Bois-Dauphin...** [...] **/ De Chavigny:** well-known *précieuses* of twenty years later. A key to their adopted names is to be found in Antoine Baudeau de Somaize's *Grand Dictionnaire des Prétieuses* (1661), available to Rostand in Charles Livet's reprint of the two volumes (1856 and 1861). Madame Aubry was known as Almazie, and Madame de Bois-Dauphin as Basilide.

51 L'Académie: The Académie française, meetings of scholars that became formalized under Richelieu's authority in 1634.

51-2 Cureau de la Chambre: Marin Cureau de la Chambre (c. 1596-1669) was a member of the Académie française from 1634, and doctor to Louis XIII. He wrote scientific works including the treatise on *Les Caractères des passions* (1640-1662). The other names were no doubt taken by Rostand from a list of the founder members at the Institut de France, or from Livet's reprint of Pellisson and d'Olivet's *Histoire de l'Académie française* (1858), in which there is no Bourdon (but a Bourbon), no Boudu, and a single person by the name of Porchères d'Arbaud. Except for Cureau de la Chambre's name, the bourgeois is wrong in thinking that they will go down to posterity!

55-6 Barthénoïde, Urimédonte, Cassandace, / Félixérie: authentic names from Somaize's dictionary are given by Rostand to these elegantly-spoken society women who frequented the Hôtel de Rambouillet. Barthénoïde was revealed to be the witty Marquise de Boudreno, Urimédonte was Mademoiselle Vaugeron, Cassandace was Madame de Chalais, and Félixérie, Mademoiselle Ferrand.

61 chansonnez: write satirical songs about, 'et la ville et la cour' implying that he does so without fear or favour, and can (like Cyrano) expect trouble.

63 citronnée: a lemon-flavoured drink.

69 D'Assoucy: Charles Coupeau d'Assoucy (1605-1677) was a poet and musician, linked with the major literary figures of the times, including (stormily at times) Cyrano, whom he published.

71 Rivesalte?: Rivesaltes, sweet fortified wine of the Roussillon coastal area near the Spanish border.

73 le grand rôtissier Ragueneau: the vocation of *poète manqué* Cyprien Ragueneau (1608-1654) is related in d'Assoucy's *Aventures burlesques.* He was a poet and actor who had indeed begun as a pastry-cook in the rue Saint-Honoré (the shop at No. 202 bears the name 'Ragueneau, pâtissier-traiteur', though there is no longer a family connection). Poor business acumen led to him being imprisoned for debt. In 1653, he joined Molière's theatrical company in Lyon; he was in charge of putting out the candles and was given a few lines to speak. He died, it may be noted, before Cyrano; but not according to Rostand's chronology.

76 Mécène: from Mæcenas, a rich and generous protector of the arts.

81 triolet: an eight-line poem (a) involving two rhymes, one of which applies to the first, fourth and seventh lines; and (b) in which the first line is repeated after the third, and the first two after the sixth. The song of the cadets de Gascogne (ll. 891-922) is of this verse form, the duelling improvisation is a ballad, and the eight lines of Cyrano's epitaph are in ballad form, set for the envoy to end 'Qui fut tout et qui ne fut rien' if approaching death had not interrupted it.

95 versé dans les colichemardes: well-versed in the use of duelling rapiers. Other forms, *cochelimardes* and *cauchelimardes* (Gautier, *Le Pied de momie*), have developed by syllabic transposition (metathesis).

97 Le Bret!: Henry Le Bret was born in 1618, and lived to be over ninety, becoming a high church dignitary (*grand prévôt*) in the cathedral of Montauban. He befriended Cyrano when the latter moved to Mauvières, and the two were educated together before seeing active service together in the Thirty Years' War.

100 sublunaires: the first reference to Cyrano's imaginary journey to the moon. No doubt Le Bret was one of the friends involved in the discussion of 'les diverses pensées que nous donna cette boule de safran' on the way back from Cuigy's (see above, note to l. 35 and l. 1599).

102 aspect hétéroclite: in context, eccentric rather than the modern-day acceptance of bizarrely mixed.

104 Philippe de Champaigne: This celebrated court artist (1602-1674) painted memorable portraits of Richelieu and Louis XIII (both 1635). When in 1643 he put the obligations of polite society behind him for a more austere mode of life, he became the psychologically revealing portraitist of the Jansenists of Port-Royal. The reference is therefore anachronistic with respect to a style he had not yet adopted.

106 Jacques Callot: talented French painter and engraver (1592-1635), in turn fantastical and searingly realistic in his depiction of human misfortune, particularly that of beggars and mercenaries.

107 le plus fol spadassin: the craziest swashbuckler. *Fol* is a deliberately archaic form, nowadays used only before nouns beginning with a vowel or h mute; see also l. 591.

108 Feutre à panache triple: the first mention of the Rostandian word, here denoting the ornamental plume of a hat.

109-10 avec pompe l'estoc / Lève: the idea conjured up by this jerky, convoluted line with *enjambement* of the last syllable is that his sword (*l'estoc*) sticks out behind Cyrano and lifts up his cape so that from the side he looks like a strutting cockerel. The witty, almost Chaplinesque costume drawing of Cyrano by Rostand seems exactly to illustrate this.

111 Artabans: 'fier comme Artaban' is an expression based on a character in La Calprenède's novel *Cléopâtre,* publication of which did not, in fact, take place until 1647.

112 Mère Gigogne: a figure in 17th-century theatre traceable back to the mythological Ceres and Isis, with children clinging to her skirts, representing joyous fertility: Zola uses it, and also 'Père Gigogne', in *Fécondité.* As an adjective, *gigogne* is applied to objects that fit inside others, such as *poupées gigogne* (Russian dolls). *Alme* is a Latinism meaning fecund.

113 fraise à la Pulcinella: Mr Punch's ruff. *Polichinelle,* the hump-backed, brawling marionnette, derives from the white-clad, long-nosed Pulcinella of the Italian *commedia dell'arte.*

115 nasigère: hard to translate without lapsing into puns such as 'noseworthy'; literally, 'being endowed with a nose'. A jocular coining, from Latin words ending in *-gero.* Rostand would have been familiar with Balzacian models such as *plumigère* (feathered creature, i.e. quill-driving clerk).

120 Parque: the infernal goddess Atropos, whose function was to cut the thread of human life with her scissors. The bragging conceit is one of Cyrano's own, borrowed from *Le Pédant joué* (IV.ii), where Châteaufort, boastful and addicted to hyperbole, says that his sword 'est faite d'une branche des ciseaux d'Atropos'.

122 À la Ragueneau!: cooked in the way made famous by Ragueneau.

124-5 et si fraîche / [...] rhume de cœur!: punning on the two meanings of 'fraîche', fresh and cool.

127 Magdeleine Robin, dite Roxane: Somaize gives 'Roxane' as the *précieuse* name of Mademoiselle Robineau, and Rostand appears to conflate her with Cyrano's cousin Madeleine Robineau (1610-1657), who was the widow of the his friend the baron de Neuvillette (see note to l. 40), devoting herself to good works after his death at the siege of Arras, and tending her dying relative in 1655. The conflation may, though, have been a deliberate example of poetic licence. Citti makes the point that, in *Le Grand Cyrus,* Mademoiselle de Scudéry portrays 'Roxane' under the name of 'Doralise', which is the name chosen by Rostand for Sibylle-Anne Ogier de Mirmande in 'La Journée d'une précieuse' (*Le Cantique de l'aile*), perhaps further proof that Rostand was well enough documented for any inconsistencies to be deliberate, aiming at more than a referential effect.

130 Comte de Guiche: Antoine III, duc de Gramont (1604-1678), led a distinguished military career, including service in the Thirty Years' War. He was colonel during the siege of Arras, and rewarded with the rank of field-marshal in 1641. In 1634, he married Françoise-Marguerite du Plessis de Chivray, niece of Richelieu (himself originally Armand-Jean du Plessis), hence the reference (l. 1284) to 'le neveu' and powerful protection. The earlier title derives from a barony in Navarre possessed by the family. Rostand had read his memoirs, published in 1716 by his son, but misspelt his name.

148-9 *Baise-moi ma mignonne* [...] *Ventre-de-Biche* [...] *Espagnol malade:* these fanciful names given to colour shades seem to have preceded *préciosité,* occurring in d'Aubigne's *Les Avantures du baron de Fœneste* (1617). In chapter 2 of Part I, it is contended that courtiers' idle chat rarely concerns philosophical matters, more often breeches or colours of material. The selection given in the first edition includes 'blu Turquoise' and 'ventre-de-biche', no doubt beige, and later printings of the work added to these, with the 1630 edition containing an enumeration of truly Rabelaisian linguistic verve, quite devoid of reference to particular shades, ending with 'couleur (i.e. appearance) de l'amitié'. The other two colours are from this later list (there is also an 'Espagnol mourant'), and 'Espagnol malade' is selected by Rostand to give de Guiche the opportunity of a witticism most unnecessarily and laboriously elucidated by the lordling.

151 dans les Flandres!: the area of northern France and southern Belgium, then occupied by Spanish forces. Arras was about to be besieged by the French, who had little military success in this area until 1648; when it came, it cost Cyrano's friend Cavois his life at the battle of Lens.

160 la porte de Nesle: on the left bank of the Seine near to where the Institut de France now stands, one of the gateways through the fortified city wall. Close by stood the Tour de Nesle, known for the licentious revels led by Marguerite de Bourgogne (1290-1315), wife of Louis X, that went on there, celebrated in Alexandre Dumas's 1832 melodrama.

163-5 *le Pressoir/D'Or* [...] *Les Trois Entonnoirs:* authentic tavern names of the time, with the exception of *La Ceinture qui craque.*

173 le Cardinal!: Richelieu himself, said, though no doubt with some help from Desmarets de Saint-Sorlin, to be the author of the plays *Scipion*, *Érigone*, Roxane, *Mirame* and *Europe* (see ll. 469, 930) graces the drama with his shadowy presence.

On frappe sur la scène: the 'trois coups', followed by a more rapid-fire number, that signal the beginning of a performance on the French stage.

dans des poses insolentes: at the time, fops were allowed to sit on the stage and preen themselves, and theatrical companies had to make the best of it. The best and most familiar story is of the cry 'Place à l'ombre!' ('Make way for the ghost!') that once went up. This inhibiting practice was not abolished at the Comédie-Française until 1759, thanks to a campaign led by Voltaire and the tragedian Lekain.

179-81 *«Heureux qui […] sur les bois…»:* The first two lines are from *La Clorise,* and the third has been fabricated by Rostand to give a rhyming line suitable for Cyrano's spectacular irruption.

183 pitres: formerly the word designated a fairground barker, perhaps more suitable to describe Montfleury's declamatory style than the present-day 'clown'. Cyrano's impatience with the style of acting that 'out-herods Herod' recalls Hamlet's instructions to the players: '... but if you mouth it, as many of your players do, I had as lief the town-crier spoke my lines' (III.ii).

184 récalcitres: the verb formerly existed, though now we have only the adjective derived from its present participle.

188 plantation: punning, metonymic hyperbole for 'a rain of blows from this stick'. The word-play is derived from a similar insult in Cyrano's anti-Montfleury diatribe, *Contre un gros homme.*

192 fesser les joues: literally, to spank his cheeks. 'Joues' does not have the ambiguity of English 'cheeks', so the idea is less hackneyed in French.

194 je fais tâter ma canne à leurs rubans: more metonymic play, indicating that a tune will be played on their (ribbon-bedecked) legs.

196 essorille et […] désentripaille: *essoriller* is the former torture of cutting off the ears, and *désentripailler* means to disembowel.

199 mortadelle d'Italie: a reference to the thickness of the Italian slicing sausage rather than to Montfleury's ancestry.

200 Thalie: Thalia, muse of pastoral and comic poetry.

204 flanquerait quelque part sa cothurne: your posterior would become acquainted with her buskin (a thick-soled sandal worn by tragedians).

207 rendre sa lame: literally, it will disgorge its blade, but also punning on 'rendre l'âme', to die (hence 'ayez pitié').

La Clorise! la Clorise!: this chant would be heptasyllabic if the first mute 'e' were counted. It is more likely to be entirely rhythmic, but in either case seems ineligible to be included in the line count.

215 mâchoire: jawbone of an ass. See *Judges* XV, which relates how Samson used one to slaughter a thousand Philistines.

230 fluxion [...] bistouri: a *fluxion de poitrine* is an inflammation of the lungs, not inappropriate in view of Montfleury's allegedly over-emphatic style, but here the reference is to a swelling that must be lanced.

231 pleine lune: presumably an insulting reference to Montfleury's rotundity, coined in view of the pun that follows, *s'éclipser* also meaning to disappear.

237-9 Tas de veaux! [...] Le gros tragédien dont vous aimez le ventre: Jodelet's inflammatory and disobliging words are spoken in the idiom of his droll character-type.

252-3 échansonnes de rêve [...] enchantez un trépas: somewhat barbed gallantry, with women being denied intellectual distinction in the way that the *faisane* is by Chantecler (IV.iv):

Vous n'en restez pas moins une femelle encor
Pour qui toujours l'idée est la grande adversaire!

An *échanson* is a cup-bearer, hence here, one who pours out the intoxicating potion of dreams, and *trépas* is a poetic word for death, a time at which feminine charm may be considered soothing.

257 Au manteau de Thespis je ne fais pas de trous: 'I shall not impoverish the Theatre' (metonymically suggested by the cloak of Thespis). Thespis was a Greek poet of the 6th century BC, held to have originated the tragic mode alternating actors and chorus.

264 le duc de Candale: born in 1627, this notorious womanizer was, in fact, only thirteen at the time.

267 Faut-il donc que je trisse?: 'do you need a second encore?'

290 vil camus, sot camard: *camus* means flat- or snub-nosed, and *camard* is a synonym. *La Camarde* (see l. 2554) signifies the Grim Reaper, death.

292-4 un grand nez est proprement l'indice [...] tel que je suis: in the *États et empires de la lune* there is just such a development, on the belief existing there in the superior moral qualities of people with big noses, to the extent that snub-nosed male babies were castrated!

296 maraud!: wretch, rascal.

302 Avis donc aux badauds...: 'idle gawpers, hear you this....'

317 hanap: goblet, drinking-cup, often fitted with a lid, like a stein.

325 pétunez: here, the first of the verb's two meanings, to take tobacco as snuff, later (IV.iii, stage direction: *'et ils allument de* *longues pipes de pétun*'), to smoke a pipe.

333 Hippocampéléphantocamélos: a cross between a sea horse, an elephant and a camel. This word, relating to a pedant, is found in a letter from Le Bret to Cyrano, reproduced by Lacroix in the 1858 edition of Cyrano's *Œuvres diverses* consulted by Rostand.

344 avoir pignon sur rue: for the gable or gable-end of one's house to front on to, or overhang, the street was formerly considered to be advantageous, whence the idea of being a person of substance. Rostand here plays on the concrete and abstract meanings.

350 parodiant Pyrame en un sanglot: a reference to Théophile de Viau's *Pyrame et Thisbé* (1621), a legend of lovers also enacted within Shakespeare's *A Midsummer Night's Dream*. Part of the reproach offered by Thisbé to the dagger with which Pyrame kills himself is lampooned in the next two lines.

366 hobereau: a down-at-heel provincial nobleman.

367 sans bouffettes, sans ganses: with none of the customary ornamental ribbonry tied in bows.

373 jaune encore de sommeil: one of the forms of dirt invoked is the mucoid deposit of 'sleep' that collects in the corner of one's eye.

374 Un honneur chiffonné, des scrupules en deuil: *chiffonné* means rumpled, and *en deuil* means black-bordered, like dirty nails. Anticipatory references, respectively to Cyrano's mockery of de Guiche's prudent but reprehensible abandonment of his white scarf (IV.iv, ll. 1846-72), and to the promoted duc de Gramont's vague regrets – 'Pas un remords, mais une gêne obscure' (V.ii, l. 2315) – about earlier moral equivocation.

376 Empanaché: the second panache reference, here situated somewhere between the concrete and the figurative, in the sense of bearing the prov·d plumes of moral qualities.

386 laissé dans la figure de quelqu'un: hyperbole, based on the provocation to a duel by slapping in the face with one's glove.

388 Et moi, Cyrano Savinien-Hercule: / De Bergerac: a gross but nevertheless amusing deflationary tactic, pretending that the insults uttered were the vicomte's names. 'Hercule', over and above his *état civil*, seems to be self-conferred.

392 J'ai des fourmis dans mon épée: my sword has pins and needles, i.e. is itching to get out.

398-9 La ballade [...] Couplets de huit vers... [...] Et d'un envoi de quatre: an accurate definition, unnecessary and insulting to a person of literary culture at the time (hence the stage direction 'piétinant'), but useful to Rostand's later audience. Villon's 'Ballade du temps jadis' and 'Ballade de la grosse Margot' are well-known examples; the four-line *envoi* (envoy) normally apostrophizes conventional addressee, here 'Prince'.

403 bélître: a word then in common parlance (see Molière's *Le Bourgeois Gentilhomme*, II.iii) denoting a worthless individual.

410 espadon: large, claymore-like sword, inappropriate for duelling, but appropriate in providing a rich rhyme for the ballad's scheme.

411 Céladon: a shepherd in Honoré d'Urfé's *L'Astrée*, prototype of the sentimental lover.

412 Scaramouche: Tiberio Fiorilli (1608-1694), known as Scaramouche, was an actor of the *comédie italienne* who took over the role of conventional duellist and created a comic, black-clad, acrobatic type.

413 Myrmidon: the Myrmidons were the people of Achilles, supposed in Greek mythology to have evolved from ants into warriors, and here denoting an insignificantly small individual.

414 à la fin de l'envoi, je touche!: an order reversed for today's French computer user, the *envoi* being the 'enter' key struck after operating the other *touches*.

416 larder, dindon?: *dindon* here means victim or mug, hence *larder* plays on two meanings: to insert pieces of bacon to add flavour to a bird during cooking, and to prick the flesh several times during sword-play.

417 maheutre: wide sleeve, stopping short at the elbow.

419 les coquilles: perhaps the scallop shells that would have been obtained on a pilgrimage to Santiago de Compostella.

420 une mouche: word-play, which may indicate a comparison with the sword-point's extreme mobility, but can also denote the target to be hit.

424 amidon: starch.

429 Laridon: 'lackey', in a word, but this is a literary comparison of great aptness. Laridon is a degenerate, turnspit dog, siring countless progeny – 'Peuple antipode des Césars' – , named after the bacon (*laridum* in *dog*-Latin) that he would eat at the cost of whatever humiliation. He and his brother, the childless César (the Cyrano figure in an implicit comparison of the duellists), feature in La Fontaine's *L'Éducation* (*Fables*, VIII, 24), published in 1678; this is not necessarily an anachronistic citation since the fable's source is Plutarch. *Broche* may also denote the poor duellist's flailing blade.

432 je quarte du pied, j'escarmouche: 'I sway to avoid a blow, while my blade circles around'.

se fendant: thrusting, lunging, with sword hand and foot on the same side of the body operating in unison.

435 Pharamineux!: fantastic, derived from *(bête) faramine*, a mythical beast of central and western France, but apparently not attested before the 18th century.

440 d'Artagnan: Charles de Baatz d'Artagnan (1611-1673) came from an area more recognizable as present-day Gascony, near Tarbes. His memoirs, written by Courtilz de Sandras, were plundered by Dumas and Maquet for *Les Trois Mousquetaires.*

443 *Sic transit!*: for *sic transit gloria mundi,* 'thus passes the glory of the world' (*O.E.D.*).

466 algarade: outrageous scene.

469 C'est un auteur: Richelieu protected authors and actors, and is said to have collaborated on *La Grande Pastorale* (1637), a work of multiple authorship, and with Desmarets de Saint-Sorlin (see note to l. 173).

480 admirable, en tout, pour tout!: a nutshell definition of what a possesser of panache owes to himself.

482 Ce Silène: a Phrygian god, father of the satyrs and foster-father of Bacchus, pot-bellied, bald and (the opposite of Cyrano) snub-nosed.

506 Vénus, monter en conque: no doubt a pictorial reminiscence of Botticelli's *Birth of Venus,* in which she emerges from a shell.

521 dans de la lune: in the moonlight.

530 se commettre: lower themselves by contact with.

537 Cléopâtre [...] César? [...] Bérénice. [...] Tite?: a reference to two legendary (though both unhappy) love affairs. Titus feared his people's displeasure if he married the Jewish princess, the subject of tragedies by Corneille and Racine in the 1670s that postdated Cyrano.

la Duègne: the spelling of this borrowing from Spanish of *dueña,* a word meaning chaperone, can vary (see l. 746, which is also rhyme-determined), and its usage is not attested until 1655. It features strongly in Hugo's *Hernani,* the fourth line of which ends: 'Deux mots de plus, duègne, vous êtes morte!'

551 ouïr la messe à Saint-Roch: to hear mass said at the church of Saint-Roch. This church is on the rue Saint-Honoré, some five hundred yards westwards from Ragueneau's premises.

564 on répète céans: 'we're rehearsing in here' (*céans* is an archaic word).

565 une énorme grive: from the expression 'soûl comme une grive', referring to thrushes' alleged fondness for grapes. In English, perhaps 'We've brought you this newt.'

574 couverture: a blanket, obviously, but also denoting protection, hence: 'I'll make sure you sleep safe in your bed tonight', a promise that the historical Cyrano was said to have made to Lignières.

579 rossoli: an after-dinner concoction of brandy, sugar and cinnamon, and therefore unlikely to have existed in cask, like the sweet dessert muscat wine.

584 et le but tout entier!...: this trait of gallantry on the part of Lignières is mentioned in Somaize's dictionary.

en costume de soubrette: dressed as a maid.

589 Cassandre?...: referring to an unheeded spreader of gloom?

590 le Docteur, Isabelle, Léandre: all *commedia dell' arte* roles.

592 La farce italienne à ce drame espagnol: perhaps not a bad definition of the generic hybridity of Rostand's, or Romantic drama as a whole.

594 tambour de basque: tambourine.

600 un Scipion triplement Nasica: 'Nasica' was a surname in the illustrious tribe of Scipio, noted for their long noses.

lueur falote: pale, flickering light (*falot* can also mean larger than life – l. 105). About the subsequent encounter, Le Bret tells the reader: 'Je te particuliserais quelques combats qui n'étaient point des duels, comme fut celui où, de cent hommes pour insulter en plein jour un de ses amis sur le fossé de la porte de Nesle, deux, par leur mort, et sept autres par de grandes blessures, payèrent la peine de leur mauvais dessein.'

Act Two

ouvroir: workroom where specialized activity goes on. A set that should have been more like that of Peter Greenaway's film *The Cook, the Thief, his Wife and her Lover*, if sordid economies had not been practised before the première (see Introduction).

les rôtis pleurent dans les lèchefrites: juice runs down from the roasts into the dripping pans.

un cercle en fer [...] un lustre de gibier: known in the trade as a cache rack, a stout circle of iron hung from the ceiling in a way that lets it sit horizontally, and on to which are hooked saucepans, vegetables or meats. Here, the effect of the game-birds' plumage approximates to the tiers of a chandelier.

des pièces montées pyramident: masterpieces of the confectioner's art – cf. the centrepiece of Emma Bovary's wedding banquet – rise up in pyramidal forms.

le coup de feu matinal: the busiest time of the morning, with all hands on deck.

gâte-sauces: kitchen boys rather than poor cooks, perhaps also expected to turn the spits.

bonnets à plume de poulet ou à ailes de pintade: pie crusts decorated with these feathers.

clayons d'osier: latticed reed mats, of the kind that cheeses are often displayed on.

quinconces: in symmetrical groups of five, stretching away into the distance.

comptant sur ses doigts: no doubt not an impromptu versifier like Cyrano, Ragueneau is counting the syllables of a line of poetry, adding an undercutting element of bathos to 'd'un air inspiré'.

614 Roinsoles!: some kind of meat patty that is fried (*rissoler*), hence not exactly what we would call a rissole.

614 Bœuf en daube!: beef cooked in its juices in a tight-lidded casserole.

617 elle est courte: there's not enough of it.

618 de trois pieds: there are three syllables missing (absent-mindedly conflating poetry and cookery).

618 la tourte!: round meat or fish pie.

620 sarments: branches pruned from vines.

621 la fente de ces miches: […] Au milieu la césure, – entre les hémistiches!: further culinary versification hints: the cob loaves should have a line scribed right down the middle, which is equally where the caesura should fall in the Classical (though certainly not always in the Romantic and Rostandian) alexandrine.

626 comme le vieux Malherbe: François de Malherbe (1555-1628) was a poet and long-awaited ('Enfin Malherbe vint' [Boileau]) literary theorist. The alternation then referred to could equally apply to the theoretical requirement to alternate couplets of masculine and feminine verse endings.

628 fais tourner au feu des strophes de rôtis!: *tourner* can also refer to the creation of poetic lines or stanzas.

637 croquantes: almond cakes.

638 vous renouvelez Orphée et les bacchantes!: Orpheus was torn to pieces by the Bacchantes, and Lise's action is just as lacerating to Ragueneau.

640 pour unique paiement: in the Utopian setting of Cyrano's moon, innkeepers are happy to accept poets' verses in payment.

642 Fourmi!... n'insulte pas ces divines cigales!: the lesson of bourgeois thrift that Ragueneau indignantly rejects comes from *La Cigale et la Fourmi*, the fable subsequently made popular by La Fontaine (*Fables*, I, 1) in 1668, but its source was Æsop.

646 avec la prose?: responds favourably to it is the answer, if this is intended to indicate the musketeer's down-to-earth wooing.

654 Nicodème!: simpleton (from Nicodemus, the Pharisee who asked Jesus stupid questions).

668 Mon nez remuerait-il?: a pre-Pinocchio joke, involving the theory that falsehood could be detected by the liar's nose twitching, whence it would take a whopper to make Cyrano's move.

670 Si ce n'est pas sous l'orme: for *pour que ce ne soit pas sous l'orme,* 'so that my wait shall not be in vain'.

685 vos crottés: dirty, down-at-heel poets are a 17th-century satirical motif in Théophile, Saint-Amant, Boileau and others.

687 Apollon maître-queux!: Apollo of chefs!

691 malandrins: scoundrels.

697 jusqu'au quai des Orfèvres: the assailants had therefore been chased hundreds of yards, over the Pont-Neuf and on to the Île de la Cité.

704 Oyons ces vers!: 'Let's hear your poem'. The irregular verb *ouïr* – see l. 551 – was current at the time, notably in Voiture's celebrated poem that began and ended 'À vous ouïr', and this is the imperative form.

720 d'un doigt preste: dexterously.

725 blondines: bonnily golden.

738 je les trouve battus: beaten, *stricto sensu,* but in familiar parlance, this means that for some reason or other (and Cyrano's pun suggests enough) they have dark circles under them.

740 le ridicoculise: a neologism, punningly conflating *ridiculiser* and *cocu* to result in something like 'make a fool and a cuckold of him'.

741 À bon entendeur...: exactly translated by 'if the cap fits...'. The full colloquial expression is *À bon entendeur, salut.*

746 duègna: see above, after the note to l. 537.

748 monsieur Benserade: Isaac de Benserade (1613-1691), another well-known poet (notably for his contests with Voiture), dramatic author and Academician.

749 darioles: sort of cream cake.

753 Saint-Amant!... Chapelain: prestigious wrapping paper indeed: the poet Saint-Amant (1594-1661), like Cyrano, one of Gautier's *Grotesques,* was a member of the Académie française, as was the less gifted theoretician, Chapelain (1595-1674), who perhaps suggested the idea of this institution to Richelieu.

754 poupelin: another cream cake.

762 fait mat: a chess metaphor: mated, i.e. defeated.

764 Postiche?: a straw man for de Guiche's enjoyment of her.

770 tous les étés à Bergerac!: the reference here is certainly to the southern climes of the Dordogne, in the *langue d'oc* area but hardly Gascony.

773 Des mûrons aigrelets: of (eating) unripe blackberries.

777 quelque grimpement: perfectly comprehensible, though the stilted noun would appear to have been coined.

803 il faut que je vous die: *die* is an alternative to *dise* in poetic diction, to avoid the severe grammatical difficulty of introducing a subjunctive twelve syllables later in a clause that begins as a declarative.

804 à la Comédie...: at the theatre.

808 Cadet aux gardes: a *cadet* was a nobleman who served his apprenticeship to arms first as a soldier, then as a lower-ranking officer.

811 Capitaine Carbon de Castel-Jaloux: telegrammatic for 'in Carbon de Castel-Jaloux's company'.

812 Vite, / Vite, on lance son cœur!...: not a self-motivating injunction to himself, but a sententious remark on the need not to throw one's love away.

817 un héros de d'Urfé!: Honoré d'Urfé (1567-1625), author of the pastoral novel *L'Astrée*, completed by Baro (see note to l. 24).

825 tous Gascons: apart from the initiatory rite of passage mentioned here, Roxane may be worried lest Christian, too, is a southerner, full of tall stories.

846 Oh! j'ai fait mieux depuis: in other words, his greater heroism lay here in keeping silent, a form of panache.

850 à *la Croix du Trahoir*: this tavern was indeed situated at the other corner of the rue de l'Arbre Sec.

851-3 Sandious! [...] Mille dioux! — Capdedious! — Mordious! — Pocapdedious!: these are Provençal rather than Gascon oaths (but 'Gascony' – see note to l. 770 – seems practically to correspond to the *langue d'oc* area). They correspond to 'sang de Dieu', 'mille Dieux', 'tête de Dieu', 'mort de Dieu' and 'par la tête de Dieu'.

858 rien qu'avec nos tortils!: typical hyperbole, indicating how high the pile of their coronets would reach. A Tower of Babel might also be constructed from their names (see the presentations to Roxane, ll. 1997-2002).

862 tout le Marais: the part of today's fourth *arrondissement* where the aristocratic *Tout-Paris* lived at the time, called 'L'Éolie' in Somaize's dictionary.

867 Qu'est-ce donc qu'ensemble nous gardâmes?: Cyrano reacts indignantly to the lordling's patronising use of the pronoun *tu*. This is a high-flown variant on the standard put-down of: 'Dites donc! nous n'avons pas gardé les cochons ensemble.'

871-2 Théophraste Renaudot: Renaudot (1586-1653), whose

name is given to one of the major literary prizes after the Prix Goncourt, was physician and historiographer to the King, and the founder, in 1631, of the weekly *Gazette de France*. In 1635 he became editor of the *Mercure français* (see l. 994). The tone of the gazette, usually written in octosyllabic verse that scanned and rhymed by the skin of its teeth, could be laudatory, as in the insipid reaction of the (usually hostile) gazetteer Robinet, charmed by the actresses, to Molière's *Le Misanthrope*:

Au reste, chacun des acteurs
Charme et ravit les spectateurs,
Et l'on y peut voir les trois Grâces
Menant leurs Amours sur leurs traces,
Sur le visage et les attraits
De trois objets jeunes et frais,
Molière, Duparc et Debrie;
Allez voir si c'est menterie.

As often, though, it was gossipy or sarcastic, seen in Cyrano's penultimate act of versification against overpowering odds (V.v-vi). The real-life Cyrano's *Gazettier désintéressé* (in *Les Mazarinades*) was in prose.

875 un pentacrostiche: an acrostic is a poem in which the initial letters of each line, read downwards, form the name of the dedicatee, and here the difficulty is multiplied by the operation being repeated five times! Rostand attempts something similar, if less ambitious, in 'La Journée d'une précieuse'; here, empty-headed Sibylle-Anne is the recipient of an acrostic quatrain of the 'Mon premier est...' type, of which the final syllables of the first three lines '-deau', '-ra' and '-lise' spell out her *nom de guerre... galante*, Doralise. Burgess performs an acrostic of 'Cyrano' – 'See... / Why...', etc. – in his translation.

877 maréchal de Gassion!: Jean de Gassion (1609-1647) was a valiant soldier, though not promoted to the rank of marshal until 1643, who was mortally wounded at the siege of Lens. According to Le Bret, Cavois and Cuigy encouraged de Gassion to take Cyrano under his protection, but the latter refused, preferring impoverished intellectual autonomy.

879 courre: synonym of *courir*, but more often used transitively, in connection with hunting.

891 Ce sont les cadets de Gascogne: the poem is a *triolet* (see note to l. 81), an ideal form for amusing and satirical verse, with the third and fifth lines also rhyming with the first, fourth and seventh. It was added to the play for Le Bargy in the 1913 revival. The need to find rhymes leads to some weakish lines, or *chevilles* (ll. 896; 901; 917), in this rough soldier's song, wrongly attributed to Cyrano; there is also some vamping in his improvised ballad, but the panache of this latter lies in the richness of the rhymes.

895 Parlant blason, lambel, bastogne: to do with heraldic devices, *lambel* denoting the younger branch of a family, and *bastogne* a band across the shield (*blason*). In other words, the men are obsessed with their noble lineage.

903 un vieux vigogne: hat (of vicuña felt).

907 Perce-Bedaine et Casse-Trogne: 'Belly-Pricker' and 'Gob-Smacker'. *Bedon*, of l. 421, is a synonym of *bedaine*.

908 Sont leurs sobriquets les plus doux: are the least unprintable of the names they're given.

916 *font cocus*: *rendent* counts as two syllables, and would be fatal to the count.

917 adorable carogne: *carogne*, or *charogne*, can be a putrefying corpse, or a more general term of abuse. Here there is oxymoronic juxtaposition of the 'divine slut' variety, but it is a fairly empty line.

928 ton *Agrippine*: the ideal opportunity to mention Cyrano's tragedy *La Mort d'Agrippine*, performed in 1653 and unlikely to have been written this early.

929-30 des plus experts. / Il vous corrigera seulement quelques vers: see above, l. 469: 'C'est un auteur'.

plumets miteux: threadbare ornamental plumes, definitely lacking in panache.

940 Des dépouilles opimes!: rich spoils! From the Latin *opima spolia*.

944 rimailleur: rhymester (the suffix *-aille* being derogatory).

945 Un salmis?: a rich stew of the south-west, containing, say, *palombes* (wood-pigeons) that had been shot or netted. The nobleman wittily plays on the two meanings of *gras*, greasy and plump.

949 *Don Quichot?*: *Quichotte* in standard French, and in Rappeneau's film version, the last syllable being omitted here for metrical reasons. Cervantes's novel (1605) was quickly translated into French, and the comparison with a fictional idealist is almost unavoidable, though Andry puts a more interesting slant on it: 'Cyrano, c'est Don Juan emprisonné sous la peau de Quichotte' (p. 72).

950 hurluberlu: extravagant and absent-minded individual, but one to whom Cyrano doffs his hat in respect. A similar frame of reference applies to Dumas's d'Artagnan: 'figurez-vous don Quichotte à dix-huit ans'.

952 Chapitre treize: the sheer chutzpah with which this dubious reference is swiftly and confidently made has gulled critical commentators into acquiescence: a proof that verbal panache works! In point of mundane fact, the chapter in which the gallant knight and his steed Rocinante tilt against a windmill is number *eight* of Book One.

954 J'attaque donc des gens qui tournent à tout vent?: 'So I single out turncoat opportunists?' Word-play generated by the windmill idea.

955 un moulinet: a circular swish of the sword. De Guiche is not to be outdone in this war of puns, and 'grands bras chargés de toiles' might, as well as referring to the mill's sails, indicate 'weighed down with fine apparel', i.e. rich and powerful.

967 Et s'en fait un tuteur en lui léchant l'écorce: *tuteur* here strictly denotes the support up which a climbing plant such as ivy is trained, but its meaning of protector is foregrounded by the use of the unplantlike verb *lécher*, which implies servile ingratiation.

969 Non, merci: this famous tirade could succinctly be summarized: 'Mon verre est petit, mais je bois dans mon verre.'

969-70 Dédier [...] des vers aux financiers?: often the only way to make money from a poem or play at the time.

973 déjeuner [...] d'un crapaud: swallow insults.

974 Avoir un ventre usé par la marche: to find the legs on one's belly worn out.

977-8 flatter la chèvre [...] arrose le chou: an obvious recycling of the proverb 'ménager la chèvre et le chou', to play both sides off against the middle.

979 donneur de séné par désir de rhubarbe: this is a ponderous formulation of the familiar invitation to swap laxatives, i.e. do mutual favours: 'Passez-moi la rhubarbe, je vous passerai le séné'.

980 son encensoir [...] dans quelque barbe?: the idea seems to be of heaping fulsome praise (*coups d'encensoir*, literally of the censer or incense-burner) on old, tiresome individuals.

982 un petit grand homme dans un rond: a big fish in the small pond of a social circle.

985 le bon éditeur de Sercy: Sercy was the publisher of Cyrano's *Œuvres diverses* and *La Mort d'Agrippine* (1654), but beyond him, Rostand may have been settling a contemporary score with Lemerre, with whom Rosemonde Gérard had to arrange publication of his poetry anthology *Les Musardises* at the author's (or more likely, his wife's) expense.

991 mazettes: mediocre authors unvisited by the Muse.

994 du *Mercure François?*»: the deliberately archaic spelling is chosen for the purposes of rhyme (in fact, at the time, *oi* was pronounced more like *we* in wet.) The *Mercure français* began publication in 1611, but did not appear so regularly as to justify this reference to its topicality, for which much later gazettes must have been the inspiration.

997 Rédiger des placets: a *placet* is a petition addressed to a king or minister, begging pecuniary gratification or favours.

1004 À tel voyage, auquel on pense, dans la lune!: see above, note to l. 100.

1010 s'il advient d'un peu triompher: the pronoun *vous* is understood, whence 'if a little fame should come your way'.

1020 D'une bouche empruntée au derrière des poules: making use of the expression *avoir la bouche en cul-de-poule,* i.e. pursing one's lips admiringly or ingratiatingly. The reproach is reminiscent of Alceste's critique of Philinte's *honnêteté* in *Le Misanthrope* (I.i).

1021 J'aime raréfier sur mes pas les saluts: meaning to make less frequent rather than, in the case of a gas, less dense, the former an acceptance that did not prevail until the 19th century. Perhaps a dig at Descartes, who dismissed the idea of a vacuum but allowed for the *rarefaction* of matter.

1026 Sous la pistolétade excitante des yeux!: hate-filled gazes are compared to a crackle of pistol fire, that it is exhilarating to dodge.

1030 ajourés: pierced with broderie anglaise-type work.

1035 me tuyaute et m'apprête / La fraise: dont l'empois: 'irons my stiffly-starched ruff in readiness'. *Tuyauter* refers to the ironing operation.

1037 un nouveau godron: a *godron* is one of the delicate ironing implements used.

1038 une gêne: used in the strong sense of constricting torture (whence *carcan,* or restraining prison collar, l. 1040), as though further crimping made the wearing more intolerable.

1040 carcan […] auréole!: hatred is a crown of thorns, as it were. A Hugolian antithesis, but the paradox seems to be more of a facile conceit than deeply felt, and as such was criticized by Jehan Rictus (see Introduction).

1046 septentrional maladif: wimpish northerner.

1049 l'hôtel: house. Again a familiar proverb is fitted into verse.

1053 Deux nasillards: strictly speaking, who spoke with nasal voices, but a pun such as 'nosabilities' might do, as for *nasigère* above (see note to l. 115).

1055 sans défuncter avant l'âge: and not die young, involving a humorous coining of a verb from the Latin *defunctus.*

1056 fatal cartilage!: burlesque circumlocution: 'the fateful protuberance'.

1066 un coton nuager: synonym for the expected adjective *nuageux.*

1070 Que son nez: the first of Christian's cappings of the familiar idioms used by Cyrano. In truth, one wonders what other part of the body could have been mentioned here.

1077-8 Qui m'aurait sûrement… / Dans le nez… / Une dent: *avoir dans le cul,* often euphemized as *avoir quelque part,* would be more colloquial for 'to have it in for', also conveyed by *avoir une dent contre quelqu'un.*

1079 fourrer… / Le nez… / Le doigt…entre l'écorce et l'arbre: both these idioms mean to poke one's nose into alien business.

1081 À me faire donner… / Sur le nez… / Sur les doigts: synonymous expressions for to get one's knuckles rapped.

1084 me porte… / Une nasarde: a flicking blow to the nose. Cyrano's word would most likely have been *estocade,* a lunge of the sword.

1086 Ventre Saint-Gris!: an oath attributed to Henri IV (hence Louis XIII's 'comme eût dit le roi mon père' – *Les Trois Mousquetaires,* ch. VII), more euphemistic even than *ventrebleu,* both substituting a totally arbitrary expression for the blasphemy of *-dieu.*

1087 Qui puaient… / À plein nez… / L'oignon et la litharge!: lead monoxide, or 'red lead' was a 'conditioning' addition to wine at the time, hence this means 'stinking of wine'; the film version substitutes *vinasse.* Christian adds the idea 'to high heaven', another nose-determined French idiom.

1089 J'en estomaque deux!: the modern sense of this verb is 'to surprise', but here no doubt we are dealing with doubling-up blows to the midriff.

1090 Paf! […] Pif!: the former is onomatopeic for the sound of a blow ('Pow'?), the latter slang for nose.

1102 un cousin fraternel: on the brother's, rather than on the father's or mother's side might imply more marriageable than a first cousin, but more likely means a non-competitor, who treats her as a brother would. Le Bret calls her 'madame de Neuvillette, cette femme toute pieuse, toute charitable, toute à son prochain, parce qu'elle est toute à Dieu, et de qui il avait l'honneur d'être parent du côté de la noble famille des Bérangers'.

1130 faisons à nos deux un héros de roman: an amalgam achieved by combining the 'sublime' aspects of each of them, and leaving aside the 'grotesque' appearance of Cyrano and lack of literary culture of Christian.

1135 mon pourpoint de buffle: buffalo-hide, i.e. rough leather jerkin.

1152 Des épîtres à des Chloris: a generic name for the genteel female recipients of *précieux* letters in verse.

1152 nos caboches: debunking slang for 'pure figments of the imagination'.

1154 Que du rêve soufflé dans la bulle d'un nom!...: an agreeable conceit indicating the soap-bubble ethereality of Platonic attachment inspired by a lady's name. Christian must be persuaded that the letter that is providentially available is merely an intellectual exercise.

1168 sur une narine [...] il tend l'autre?: a jocular variation on the biblical injunction to 'turn the other cheek', sparked off by the simile 'doux comme un apôtre'. Cyrano's commander, as well as the protégé, may be permitted such a joke, but....

1172 La giroflée!: this 'wallflower' is the mark left by five fingers on somebody's cheek, a correction that Cyrano has been saving up, like Daudet's papal mule, for Lise's braggart lover. As a play on words, it is based on *la gifle*, or perhaps it can be imagined as a consonantal *contrepèterie* on a coined compound such as *giflerie* or *giflerée;* the Anglo-Saxon floral tribute would be a bunch... of fives.

Act Three

1175 me dépendant: cutting me down.

1176 Me vient à sa cousine offrir: archaic word order that today would read 'vient m'offrir à sa cousine'.

1179 Mars [...] Apollon: the god of war triumphs over the god of the arts. *Gâteaux* must refer metaphorically to Lise, for the *crotté* poets are certainly not content with left-overs.

1183 Chez Clomire: since we are in the Marais, this is almost certainly the Hôtel de Rambouillet, temple of *préciosité,* though madame de Rambouillet, its guiding spirit, went by the name of *Cléomire.* Clomire, according to Somaize, was mademoiselle Clisson, and lived on the Île de la Cité.

1183 Elle tient bureau, dans son réduit: in other words, only a circle of intimates is invited to this reading.

1184 un discours sur le Tendre: it was not until 1654 that Pellisson and mademoiselle de Scudéry codified this discourse by their invention of the allegorical 'Carte du Pays de Tendre', published in the first volume of her romance *Clélie.* It charted the pleasurable halts ('petits soins'; 'assiduité') and pitfalls ('mer d'inimitié', 'lac d'indifférence') along the itinerary of a developing love relationship of mutual respect. It deserves better than the bad press it has received in connection with the excesses of fatuous *préciosité* lampooned in Molière's *Les Précieuses ridicules,* in which Polixène (Magdelon) and Aminte (Cathos) insist on elaborate circumlocutions for chairs (*les commodités de la conversation*), etc.

deux pages porteurs de théorbes: also written *téorbe*, a large lute, a popular musical instrument of the time. D'Assoucy went accompanied by such an escort (see below, ll. 1195-204), perhaps for other than musical reasons.

1188 la croche est triple, triple sot!: 'it's a demi-semi-quaver, dummy!'

1190-1 tous les disciples / De Gassendi!: Cyrano is said to have followed the lectures of the philosopher Gassendi at the Collège de France, but certainly not by this time. His mathematician's interest in music extends to writing the names of places on his fictionalized moon in musical notation!

1197 grands escogriffes: clumsy louts.

1201 Phœbus: the sun.

1205 une pavane: slow, stately dance (in keeping with the man's gait?).

1226 du dernier tendre: the acme of gallantry.

1241 On assiège Arras: the plot is anchored to a historical event, the siege laid by the French lasting from May to August 1640.

1244 mestre de camp: officer commanding an infantry or cavalry regiment, the equivalent of colonel.

1266-7 Il se rongera l'âme, / Et ses amis les poings: abstract and concrete expressions of frustration neatly differentiating the noble Christian from his more muscular comrades-in-arms.

1279 le syndic: representative of the religious order in dealings with the outside world.

1280 capucins: the Capucines (or Capuchins) were a branch of the Franciscan order. One of the most notable, Père Joseph, was an intimate of Cardinal Richelieu (see ll. 1283-4).

1295-6 Alcandre [...] Lysimon: males of dignity and refinement, if not as numerous as females, are listed in Somaize's dictionary; these are not two of the ones found, but they are common in 17th-century pastorals.

1296-7 mon petit doigt / Dit: 'a little bird tells me / I've got a funny feeling'.

1300 petit brutal!: *le brutal* is soldier's slang for 'cannon', but here, the knocker is being elegantly apostrophized as a 'devil'.

1325-6 Grémione!: this *précieuse* is revealed by Somaize's key to be madame de la Grenouillère.

1330 parlez-moi d'amour: Roxane is expecting a philosophical disquisition on 'le Tendre' to make up for the one she has just missed.

1331 Brodez, brodez!: but be more eloquent, provide variations on the theme.

1334 du brouet: an unappetizing stew, the diet of the Spartans.

1336 délabyrinthez: Roxane's witty coining, not for 'bring your true feelings out into the open', as they could hardly be more so, but for 'give them free rein'. (In another respect, though, she would prefer them to be complex and labyrinthine.)

1366 barcelonnette: also written *bercelonnette,* a rocking cot.

1370-2 Hercule. / Les deux serpents… Orgueil… et Doute: the snakes sent by Juno to Hercules's cradle, and strangled by him, are ingeniously allegorized. It will be remembered that 'Hercule' was Cyrano's self-attributed forename (note to l. 388), and Rostand is perhaps mindful of Tibère's remark to Agrippine in his *La Mort d'Agrippine* (V.vii, ll. 1639-41):

> Enfin persécuté de mes proches parens,
> Et dedans ma famille au milieu des serpens,
> J'imiterai, Superbe, Hercule en ce rencontre.

'Orgueil' is, incidentally, a forbidding fortified crag on the 'Carte de Tendre'.

1374 la goutte à l'imaginative?: 'is your imagination afflicted by gout?' An archaic word, *imaginative* is an example of high-flown contemporary diction.

1413-14 je m'arrête / […] à cueillir la fleurette: I stop and pick daisies, i.e. indulge in self-protecting displacement activity. The accepted idiom is *conter fleurette,* to whisper sweet nothings to somebody, and is taken up by Roxane, who has nothing against this when it is accompanied by other proofs of eloquence.

1417 carquois […] torches […] flèches: the conventional metaphors of love that they should disdain: Cupid, with his quiver and arrows, and Eros, setting hearts aflame with a torch.

1420 Lignon: nine French rivers go by this name, the major one (96 km) running through the Velay and into the Loire on its right bank, north of Yssingeaux. The one referred to, though, is 50 km long, in the Forez area, where d'Urfé's *L'Astrée,* is set, flowing through La Bastie d'Urfé and joining the Loire on its left bank, near Feurs. It is in the waters of the Lignon that Céladon (see note to l. 411) drowns himself.

1426 billet doux de Voiture!: Vincent Voiture (1597-1648) was a superlative composer of letters and poetry of circumstance. A *billet doux* is a love-letter.

1432 le fin du fin […] la fin des fins!: a modified *carpe diem* topos, the idea being that precious time (culminating in *la fin*) is no doubt wasted in narcissistic contemplation in the glass of fashion of superlative elegance (*le fin*). This latter is an example of the nominal syntax dear to verbal preciosity, as to *écriture artiste*.

1448 Je sais que l'an dernier: how, if they have only just become acquainted? Perhaps Roxane can persuade herself that he admired her from afar.

1451-4 lorsqu'on a trop fixé le soleil [...] des taches blondes: a neat optical analogy, in line with his intellectual pursuits, for Cyrano's obsession with Roxane.

1492 Ah! c'est un capucin!: presumably a monk is neither fish nor fowl nor good red herring, even to the lute-players. Rostand gives little credence to the pious myths surrounding Cyrano, and underlines his satirical verve against religious institutions.

1493 ce jeu renouvelé de Diogène?: going from door to door with a lamp, in search of somebody. Diogenes (413-327 BC) did this in broad daylight.

1497 grain majuscule: the friar will tell his rosary beads as far as one of the larger ones marking the tens.

1498 cuculle: the hood of the man's habit. A pretext for ambiguity, perhaps, since *cucul* means 'stupid', and an irreverent stage gesture might make it clear that Cyrano is saluting the Capuchin's departing posterior, or *cul*.

1525 Buckingham: the queen was Anne of Austria (1601-1666), wife of Louis XIII, then regent during the early years of Louis XIV. George Villiers, Duke of Buckingham (1592-1628) did indeed obtain this kiss of her hand: see Dumas's *Les Trois Mousquetaires*, ch. XII.

1534 le Lazare: Lazarus (*Luke* VI, 19-31) was the beggar fed only with crumbs from the rich man's table; it does not suit Cyrano's self-pity, or his religious scepticism either, to consider the greater reward Lazarus received after his death.

1549 soubreveste: sleeveless jerkin, worn between clothes and armour.

1596 Soit! soit! vous en tombez! [...] je n'en tombe pas métaphoriquement: de Guiche humours Cyrano, taking 'tomber de la lune' in the looser, colloquial sense of being absent-minded or a little mad, but is bidden to interpret this literally.

1602 un aérolithe?: a meteorite.

1603-4 Tout en cheyant... chois!: the archaic verb *choir* (to fall) is recognizable to us today only in compound verbs such as *échoir*, and *déchoir*. The totally obscure present participle *cheyant* is used by Rostand for the pure fun of its linguistic fossilization.

1606 de mon postère?: burlesque coining of a word similar to *postérieur*, or *derrière*, situating the centre of gravity there.

1610 Gêne: *Gênes* is the French for Genoa, and the *s* is omitted as a fine point of versification, for the reading eye, since a mute *e* is not supposed to rhyme with one followed by a consonant, even though there is no difference in sound.

1612 le drôle est assez drôle: the fellow is quite amusing.

1620 la Grande Ourse: the Great Bear constellation situated around the north celestial pole. No doubt deliberately, Cyrano's cosmology is extremely confused, and a fall that takes him through constellations visible from both hemispheres is in no sense direct.

1620 en frôlant le Trident: this would appear to be the three-pointed trident of Neptune, as if the planet could be anthropomorphized like the sea god.

1622 les Balances: nowadays singular, *la Balance* (Libra), a constellation of the southern hemisphere.

1628-30 Sirius [...] l'autre Ourse [...] la Lyre: Sirius (the Dogstar, brightest in the sky) and the constellations of the Little Bear (containing the Pole Star) and Lyra are made vividly present by anthropomorphism or jocular concretion. Certainly they are slightly further off than the moon, Sirius being 8.6 light years away, so that Cyrano could hardly have fallen directly from the moon to earth.

1631 Mais je compte en un livre écrire tout ceci: another anticipation of the forthcoming *États et empires de la lune.*

1635 À la parfin: je veux...: emphatic version of *à la fin*, expressing great exasperation: 'for God's sake, let me by!'

1638 cucurbite: the dictionary gives 'the circular part of a retort', but much more likely is the sense of 'great pumpkin', analogous in appearance to the 'boule de safran' discussed in the opening sentence of the *États et empires de la lune. Cucurbitacées* is the botanical family of these, as lovingly explained by Pagnol's Jean de Florette.

1642-3 Regiᐱmontanus... Archytas!: two inventors of flying contraptions, the former a German astronomer (1436-1476) whose eagle flew before the Emperor as he entered a town, and the latter a disciple of Pythagoras, who constructed a flying dove.

1645 violer l'azur vierge!: a metaphor suggesting that intellectual enquiry is Cyrano's surrogate phallic penetration.

1650 en humant la rosée!: this is the first means, in the *États et empires de la lune,* whereby the narrator attempts to fly to the moon. The device keeps him aloft while the earth rotates sufficiently for him to land in Canada.

1654 mis en icosaèdre!: the only one of the attempts at rocket propulsion to be borrowed from the *États et empires du soleil.* This proto-*Tardis* is a twenty-sided box.

1658 où les astres vont paître!: a spring-loaded device that permits Cyrano to leave Canada by rocket, using technology seemingly invented by the Canadians themselves.

1660 dans un globe assez pour m'emporter!: The Biblical protagonist Enoch, whom the narrator meets on the moon, explains that he managed to get there by means of this Montgolfière balloon *avant la lettre*.

1661-2 Phœbé [...] m'en oindre!: bone marrow was thought to be sucked towards the moon (Phoebe) in its fourth quarter, and on his second moon voyage, the narrator was lucky enough to have greased himself thus, so that he was drawn onwards after his rocket power had given out.

1663-6 Enfin, me plaçant [...] à sa poursuite: The prophet Elijah explains to the narrator that he has travelled to the moon in this manner.

1667 cadédis!: at last a genuine Gascon expression, cognate with 'Capdedious!' (see note to l. 853) meaning 'upon my word!' 'Struth!' would be a way not to take God's name in vain similar to the French, and expressions like 'abracadabra!' and 'hey presto!' also seem in order.

1671 Je vous le donne en cent: you'll never guess (even in a hundred goes).

1674-8 À l'heure où l'onde [...] tout droit, comme un ange!: not to be outdone by Cyrano's writings, Rostand invents his own method of harnessing the moon's effect on tides.

en petit saut-de-lit: wearing a négligé, having been dragged from her bed to attend the ceremony.

1690 un conseil que je m'engage à suivre: a further example of prophetic signalling to the audience in this promise to deliver *Les États et empires de la lune*.

1698 énormément de peine!: Cyrano is supportive to Christian, but there is a degree of ambivalence in his attitude of which later he will be ashamed.

Act Four

Jaune Orient: yellow light from the east.

1709 Jure en sourdine!: swear more quietly. A *sourdine* is a device for muting, i.e. deadening, the sound of a musical instrument.

1710 Qui dort dîne: a proverbial expression, meaning that sleep overcomes the feeling of hunger.

1712 maugrébis!: a conflated curse, from *maugrébleu* ('I curse God') and *cadédis* ('by the head of God'; see above, l. 1667), that sounds appropriately Gascon.

1713 Diantre!: a euphemism for *diable!*

1715 Ventrebieu!: a euphemism for *ventre de dieu!*

1734 Le cardinal infant d'Espagne: meaning one of the younger sons of the King of Spain (with compensatory ecclesiastical dignity). Ferdinand of Spain did indeed cut off the food supplies of the French.

1739 La diane!...: reveille.

1743 Mon tortil de baron pour un peu de chester!: perhaps in knowing, Rostandian parody of Richard III's 'A horse! a horse! my kingdom for a horse!', here the baron would exchange his coronet for a piece of Cheshire cheese.

1744-5 gaster [...] une pinte de chyle: in Rabelais's *Pantagruel*, *Messer Gaster* denotes the stomach (the word coming from the Greek). *Chyle* means the digestive juices.

1746 comme Achille!: 'I'll go and sulk in my tent' (as Achilles did after the famous quarrel with Agamemnon related in Book I of Homer's *Iliad*). Cyrano happens to be carrying this book (l. 1766), but again, the least Gascon soldier can show wit based on literary culture.

1750 les bourguignotes: helmets with protectors for the sides of the head but no visors, in use from the 15th to the 17th century.

1752 très peu giboyeux!: there's not much game around here. The foregoing recipe, involving fried wadding, is *cuisine minceur* indeed.

1758-9 quelque chose dans les talons [...] / L'estomac!: from the popular expression *avoir l'estomac dans les talons*, to be able to play a tune on one's ribs.

1764 ventre affamé, pas d'oreilles: tu mens!: 'no food, no ears, no buzzing', a heavy, joshing attempt by Cyrano to raise the men's spirits, involving the telegrammatic abbreviation, and mangling (taking 'will not listen' literally as 'has no ears'), of the proverb 'Ventre affamé n'a pas d'oreilles'.

1765 Ta salade: a slang word for helmet, and indeed eaten *à l'huile*.

1769 *if you please?*: Rostand's witticisms sometimes involve snatches of English, for instance the line in *La Dernière Nuit de Don Juan* (I.iv): 'Quand c'est la Reine, *all right!* quand c'est le Diable, baste!', and some of the laboured humour in *Chantecler*.

1770 L'Éminence qui grise!: the courteous way to address a cardinal is 'votre Éminence'; the Capucine Père Joseph (see above, note to l. 1280) went by the nickname of *éminence grise*, which nowadays applies more generally to a sage, manipulative old counsellor; 'griser' means to intoxicate. By now these explanations have killed a passable pun stone dead.

1771 tu croques le marmot!: 'so eat the child', as ogres do, from the figurative meaning of to wait impatiently for something unlikely to turn up. The cabin-boy was a typical child victim of starving sailors' cannibalism; cf. Aragon's 'Le Temps des noyaux': 'Quand vous tiriez à la courte paille / c'était toujours le mousse qu'on bouffait.'

1772-8 la pointe, le mot [...] la pointe au cœur en même temps qu'aux lèvres: a *pointe* is a witticism as well as a sword-point. In describing a cypress tree (*Lettres*), Cyrano does it from the base upwards, to justify the following mannered conceit: 'je voudrais bien achever par le sommet afin de finir par une pointe'. Later (V.vi, ll. 2480-5), Cyrano compares this ideal with the shabby way he meets his end.

1792 avant d'être d'ébène, elle fut de roseau: before being made of ebony it was a reed.

1798 le lent galoubet: flute played in the south of France, particularly associated with Provence. Again, *la Gascogne* seems to represent the whole of the *langue d'oc* area.

1805 changé de viscère [...] se serre: Cyrano is glad to have changed the seat of their sufferings from one internal organ to another, the stomach to the heart.

1821 Rien de plus dangereux qu'un Gascon raisonnable: a kind of xenophobia based on de Guiche not being made of the right Gascon stuff. See earlier, ll. 145-6; 'Le Gascon souple et froid, / Celui qui réussit!'

1824 Sa crampe d'estomac étincelle au soleil!: hyperbole, of which the humblest Gascon is capable (see above, ll. 1053-8). Let us suppose that de Guiche's churning stomach causes the gilt rivets of his breast-plate to throw a kaleidoscopic pattern of reflections.

1826 et moi, je lis Descartes: presumably the *Discours de la méthode* (1637), in which the analytical strategy of reasoned doubt is outlined. One can imagine the materialism of a kindred mathematician and soldier-philosopher (1596-1650) being much to Cyrano's taste, but the latter's rationalism goes beyond the former's, for Descartes excluded matters of religious faith from this domain. Perhaps also there is an anticipation of Cyrano's treatise *Fragment de physique,* that bears the imprint of, and was probably edited by, his friend Jacques Rohault, a Cartesian physicist.

longues pipes de pétun: see note to l. 325; here, churchwarden pipes mean that the tobacco will be smoked.

1831 Hobereaux béarnais: impecunious lords of the Béarn area of south-west France from where Henri IV (known as *le Béarnais*) hailed.

1846-58 Et votre écharpe blanche? [...] que dites-vous de ce trait?: this incident is related in the maréchal de Gramont's memoirs, and closely followed by Rostand.

1858-60 Henri quatre [...] se diminuer de son panache blanc: Cyrano recalls the battle of 1590 around a town on the Eure, west of Paris (later renamed Ivry-la-Bataille), prior to which the future king told his troops that both he and his horse would wear white ornamental plumes, which would guide them towards where the encounter would be warmest. His exhortation, variously reported as 'Suivez mon panache blanc' and 'Ralliez-vous à mon panache blanc', has gone down in history, with the words poured into a literary mould in Voltaire's national epic *La Henriade* (chant VIII):

Ne perdez pas de vue, au fort de la tempête,
Ce panache éclatant qui flotte sur ma tête;
Vous le verrez toujours au chemin de l'honneur.

1868 avec elle en sautoir: wearing the sash around his neck.

1883 Dourlens: no doubt Doullens, about 35 km away.

1884 par les labours: over the ploughed fields.

1938-9 l'air d'être fait avec une citrouille [...] comme dans le conte: one that was not yet written, the reference being to *Cinderella,* originally *Cendrillon,* a fairy tale by Charles Perrault (1628-1703).

1949 Elles: the capital letter indicates women in general.

1966 L'ergot tendu sous la dentelle en tuyau d'orgue: the *ergot* is a cockerel's spur, and perhaps the reference is to the decorative *canons* worn on the legs (see notes to l. 25). It can also, though, denote a proud and aggressive attitude, and the chest, puffed out beneath the elegantly-ruched lace of the shirt front, could be imagined thus.

1967 Le feutre au vent pour que la plume palpitât: a further reference to panache, in a noble enemy.

1990 basane: breeches.

2000 Baron Hillot: the word 'hillot' is a Gasconism, no doubt a borrowing from the word *hijo* (son, child, scion) of neighbouring Spain. The poet Clément Marot had used the word in his 'Épître au Roy' to refer to his 'Valet de Gascogne'.

2007 minois: young, alert and pretty face.

2011 chauds-froids: cold fowl or game bedded in aspic or sauce.

2020 tant d'appas: a word archaic now, but current then, for feminine charms.

2021-2 galanterie [...] galantine!: a *galantine* is a boned roast served cold, used because its near-homophony gives rise to a pun.

2024 Diane [...] son chevreuil!: word-play involving a stereotypical reference to the goddess of hunting.

2028 gueuleton [...] balthazar!: the cadet watches his words and chooses a less racy slang term for 'blow-out'. The first of these seems not to have been in use at the time, the second is derived from the Old Testament (Belshazzar's feast).

2029 viédaze!: southern French dialect for fool, ass, dolt – Cyrano's insulting open letter to d'Assoucy, *Contre Soucidas,* begins 'Monsieur le Viédaze' – and also Provençal for aubergine, but here it is a general expression of surprise.

2066 guipure: lace.

2071 À jeung! Il vient d'avoir l'accent!: this is the way that Rostand's native *Provençaux* attack the nasals is rendered in French.

2093 de soudards et de reîtres: brutal, mercenary soldiers.

2097 vous m'en avez écrites: ungrammatical, with *en* as a preceding direct object, but no doubt rhyme-determined.

2106 La sage Pénélope [...] le seigneur Ulysse: an elegant comparison drawn from Greek mythology. For Penelope, at home with her tapestry during Ulysses's twenty-year absence and a byword for feminine constancy, to be invoked, the letters must have been powerful indeed.

2109 aussi folle qu'Hélène: Helen was abducted by Paris, an act that precipitated the Trojan War.

2189 Grotesque? [...] grotesque: an echo here of Hugo's aesthetics of romanticism in the *Préface de 'Cromwell'*.

2202 Mesurez... mèche!: the audience hears snatches of instructions on operating the cannon. The *mèche* is a slow-burning taper.

2204 Baguette haute!: musket-charging instructions; the *baguette* is the ramrod.

2205 Ouvrez la charge avec les dents!: musket powder cartridges had to be torn open with the teeth.

2212 Un esprit sublime?: the other half of the Romantic dichotomy (see l. 2189).

2226 pertuisane!: halberd.

2227-30 Reculès pas, drollos! [...] Escrasas lous!: in standard French: 'Hardi! ne reculez pas, drôles [*lads*]! Tombez dessus! Écrasez-les!'

Act Five

que les Dames de la Croix occupaient à Paris: Marguerite de Senaux, known as Marguerite de Jésus (1589-1657), referred to in this act as Mère Marguerite, founded this convent in the rue de Charonne. Cyrano's sister Catherine took the veil there in 1641, and Madeleine de Neuvillette was attached to it after her husband's death, but if she occupied a room (l. 2251), it was not as a permanent resident. Cyrano in fact died in the Chevreuse valley, according to Le Bret's account: 'chez M. de Cyrano, son cousin, [...] chez qui, par une affectation de changer d'air qui précède la mort, et qui en est un symptôme presque certain dans la plupart des malades, il se fit porter cinq jours avant de mourir'. In fact, his last days were spent at another cousin's, near Argenteuil (see Introduction).

2262 **Ma sœur, j'ai fait gras hier!**: the provocative act of a freethinker, eating meat on a Friday rather than adhering to the non-meat regimen (*faire maigre*) prescribed by the Church.

2265 **Il est pauvre**: this was not for lack of trying, on Mère Marguerite's part, to gain him influential protectors. Le Bret puts an edifying gloss on this '... et même cette humeur, si peu soucieuse de la fortune, et si peu des gens du temps, lui fit négliger plusieurs belles connaissances que la révérende mère Marguerite voulut lui procurer; comme s'il eût pressenti que ce qui fait le bonheur de cette vie lui eût été inutile pour s'assurer celui de l'autre'.

2272 **vainement blonde**: with your blonde beauty wasted here.

2278 **un doux scapulaire [...] velours**: a scapular is a devotional emblem of embroidered cloth, or small pouch, hanging on a ribbon (here, of velvet) running around the neck.

2301 **les spadassins**: see note to I.ii, l. 107. Cyrano's charisma is such that he will not be killed by being provoked into a duel.

2331 **Étuviste...**: Ragueneau had worked in a Turkish bath, sweated labour indeed.

2351 **de méninges**: of the brain being affected.

2374 **vertuchou!**: euphemistic for *vertu Dieu*, to be used in a convent 'pas plus que [...] cordon dans l'hôtel d'un pendu!' (l. 1049).

2376-7 **c'était une / Fâcheuse**: the *fâcheux*, i.e. importunate time-waster, has already been routed by Cyrano (I.iv, ll. 263-302). Death, though, is made of sterner stuff.

2410 **Ma gazette?**: see note to ll. 871-2.

2411 **Cette**: coastal town in the Languedoc, now spelt Sète.

2413 **Son mal fut condamné pour lèse-majesté**: for treason towards the King, a conceit that would appeal to Roxane's *précieux* tastes.

2414 **fébricité**: there is a verb *fébriciter*, to be feverish, from which this appears to be coined.

2419 **un clystère**: an enema.

2421 **Lygdamire**: Ligdamire, in Somaize's key, corresponds to the duchesse de Longueville.

2424 Mancini, reine de France, — ou presque!: born between 1636 and 1646, the five Mancini sisters, from an Italian family, were nieces of cardinal Mazarin. Laure, Olympe and Marie were the *mazarinettes* whom their uncle wished to marry, satirized in the *Mazarinades* that have often been attributed to Cyrano. Louis XIV was much smitten by Marie (1640-1715).

2488 moucheur de... de... chandelles, chez Molière: indeed he was (see note to l. 73), and therefore likely to be cursed by the *marquis* – see l. 175.

2490-1 on jouait Scapin. [...] une scène! / Entière!: Since *Les Fourberies de Scapin* were not performed until 1671, sixteen years after Cyrano's death and as many as twenty-six after the composition of *Le Pédant joué*, this is one of Rostand's deliberate anachronisms, designed to show Cyrano's generous self-abnegation as regards his written work also (see below, l. 2502). Grimarest argues that Molière, presumed to have been studying under Gassendi at the same time, might have suggested the scene to Cyrano and then taken back what was rightfully his, but this seems highly unlikely to Gustave Michaut.

2492 le fameux «Que diable allait-il faire?...»: If this be plagiarism of Cyrano by his erstwhile fellow-student Molière, there was no such thing as breach of copyright in those days and no doubt the sincerest form of flattery was intended. It might just be chronologically possible for Molière's indebtedness to have become apparent to Cyrano during his lifetime, for there is an interesting diversionary scene of raving (though feigned) grief in *L'Étourdi* (II.iii), that was played by Molière's company in 1655 in Lyon. Yet this is of interest only to the theatre historian, and it is more reasonable for Rostand to paint with a broad brush, citing, albeit anachronistically, a case of grand larceny. The comparison to be drawn is between *Les Fourberies de Scapin* (II.vii), in which the miser Géronte's pathetic 'Que diable allait-il faire dans / à cette galère?' occurs seven times, and *Le Pédant joué* (II.iv), in which the pedant Granger, similarly tricked into paying a ransom for a son supposedly held hostage in a Turkish galley, utters a near-identical form of this question an obsessional five times. The difference between the scenes is that Molière's is centred on the valet rather than the miser, as the cunning Scapin hams up his announcement of the dread news a great deal more than Cyrano's Corbineli; also, the setting of Molière's play in Naples makes the galleys fiction more credible. Ashton draws parallels between *Le Pédant joué* and Molière's *L'Amour médecin* (1665), but these seem unproductive, while Gautier points out that the scene between Genevote and Granger (III.ii) is echoed in the *Scapin* scene between

Zerbinette and Géronte (III.iii), right down to the pealing laughter of the 'égrillarde aventurière'. In fact, when Genevote challenges Granger to laugh unwillingly at the stratagem of the ransom demand ('Mais vous n'en riez pas'), one is more readily reminded of the scene in *L'École des femmes* (III.iv) in which Arnolphe is similarly forced by Horace to laugh, nay, laugh harder, at his account of Agnès's trickery of her 'jaloux'. Finally, we should note that, with amusing literary subterfuge, Rostand himself has perhaps 'lifted' a scene from Cyrano, for there are similarities between *Le Pédant joué* (IV.iii), in which Manon declares herself ready to make the sacrifice of marrying La Tremblaye ('je ne balancerais point de me prostituer') in order to save the life of Granger, her father, and *Cyrano de Bergerac* (III.xi), in which Roxane meekly submits to the 'orders' she reads from the letter.

2496 celui qui souffle: the prompter, in a play.

2524 Socrate et Galilée!: as Le Bret's Preface has it, 'Démocrite et Pyrrhon lui semblaient, après Socrate, les plus raisonnables de l'antiquité.' Galileo was persecuted for his beliefs, and Cyrano has likewise suffered martyrdom.

2529 La masse élémentaire: most likely a reference to the dynamic atomism of Gassendian physics, that rejected the theories of medieval scholasticism on matter resulting from combinations of the four elements of earth, air, fire and water. Similar subversive views are put forward by the Spaniard of the *États et empires de la lune:* 'On m'a voulu mettre, en mon pays, à l'inquisition, parce que, à la barbe des pédants, j'avais soutenu qu'il y avait du vide et que je ne connaissais point de matière au monde plus pesante l'une que l'autre [...], et ainsi, à pénétrer sérieusement la matière, vous connaîtrez qu'elle n'est qu'une...'. Anticipating Spinoza, evolutionism and 19th-century monistic materialism, Cyrano's vigorous inductions would clearly be damaging to orthodox views on special creation.

2529 voilà le hic...: more or less exactly Hamlet's 'ay, there's the rub' (III.i).

2530 Copernic: Copernicus overturned Ptolemy's geocentric planetary system in favour of the heliocentric or solar one.

2533-4 Philosophe, physicien, / Rimeur, bretteur, musicien: very close to the line (101) split between Ragueneau, Brisaille, Cuigy and Le Bret, and suggesting that this epitaph was composed in advance, and not improvised.

2536 riposteur du tac au tac: giving as good as he got.

2554 cette Camarde!: here, the snub-nosed (see above, note to l. 290) antithesis of the life-affirming Cyrano is death.

2565 le laurier et la rose!: respectively symbolic of military glory and love.